吳汝綸撰

周易大義

中華書局印行

周易大義總目錄

周易大義提要
中華國學叢書序
桐城吳氏國學秘笈序
周易大義序
一、例言四則……一
二、周易大義卷一……一
三、周易大義卷二……五八

周易大義提要

易爲言天人之書，自四聖以來，漢宋紛綸，言象者遺數，言數者忘象，王弼掃象而以理說之，宋人又益之以圖，其流益紛，使人無所適從，摰父先生嘗著易說，於二千年注家之說，無所不採，無所不掃，以得聖心爲主，而易乃可說，喆嗣北江先生本其家學，成周易大義一書，一以先人之說爲歸，而說解務求簡潔明暸，一反漢儒清儒考據繁文縟詞，而於義無當之陋習，先生本人事以推天道，於易之精微，悉發無餘蘊，世之欲究易義而苦漢宋之繁縟空洞者，請讀斯編，當知所由之徑也。

中華國學叢書序

我國之有叢書刊行，由來已久，宋代之儒學警悟、百川學海，明代之漢魏叢書、唐宋叢書等皆是也。降及清季，叢書之刊印愈多，讐校亦愈精密，裒拾叢殘，網羅散佚，山潛塚秘，得以羨衍人間，有功文化，蓋非細矣。

慨自宇內糜沸，荼毒日滋，舊有典籍，盡遭刼火。本局爲響應文化復興運動，除將本局前在上海出版之四部備要等古籍，在臺再版發行外，玆復搜集整理有關國學之重要典籍，或爲四部備要所未收入者，或已入備要，而無評注銓釋，可供大衆研讀者，去蕪存菁，陸續出版，定名爲中華國學叢書，版式概以二十四開爲準則，以資整齊畫一，並採原書影印爲主，以輕讀者負擔，倘底本有欠淸晰，影印非宜，則據以重排，務求印刷精美，定價低廉，一篇在手，悅目賞心，恒人易辦，流傳自廣，庶於復興文化，稍竭微誠云耳。

中華民國五十八年十二月臺灣中華書局謹識

桐城吳氏國學秘笈序

自姚姬傳氏古文辭類纂出。而文體正。文律嚴。自曾湘鄉經史百家雜鈔出。而文源明。文委顯。姚氏不敢納經史百家于文。而曾氏乃一以貫之。非運之以卓識。持之以至勇。其能不爲謬妄之流所訴病乎。桐城吳摯父先生以姬傳鄉里后進。從湘鄉遊。本其說以文說經。成易說尙書故二書。擧漢學之繁瑣。宋學之空虛。悉掃盪而無餘。糾其訛謬。正其句讀。辨其字句。疏其義蘊。揆以事理。一以文說之。不惟經通。史籍百家亦無不可說矣。以議論莫高于周秦諸子。故次諸子集評。敘述莫善于太史公書。故次史記集評。文體莫備于姚纂。故次古文辭類纂集評。三書出而吾國文章至高之域盡矣。後之學者。苟志乎文。守此已足。不必廣心博騖。而斯文之傳。莫大乎是矣。先師北江先生。秉承家學。復以文說詩。及左氏傳孟子成詩義會通左傳微孟子文法讀本三書。以其先人之說易書高遠。不便初學。乃依其說爲周易大義。尙書大義。鈎弋文句。溝通故訓。往往有三數言訓釋。鳌然有當于人心。遠過于經生千百言解說而人仍不能通其義者。此說經之不能不以文通之之微旨也。復以摯父先生所集評三書。精善之極。然繁重深邃。爲成學者言。而非所語于初學。于是本其夙聞于摯父先生者。成古文法、古文範、古文圭臬三書。于詩有古今詩範。精加評點。詳爲解說，于文章之奧竅。抉發無遺。學者苟能于先師之選窺其微。進而再事摯老三書。則文章之事。無待他求矣。夫文之道廣矣。然儷體則華而不實。徵典爲難。語體則宂而無節。俚而非雅。欲求先聖治平之道。修齊之方。舍古文莫屬。而言古文自姚曾而後。惟先師父子所評釋爲能盡集前人之說而得其要。發其獨具之見而得其微。以淺近簡易之說。闡廣大精微之境。評點愈于解說。探索優于考證。使讀者怡然理順。煥然冰釋。此先師父子以文說經史百家所爲獨絕。非餘子所能及也。近世歐美人士多尚吾學。惟以時事史乘爲務。以譯本爲从入之途。斯不過粗迹耳。苟能由譯籍而通吾語言。進而通吾文字。吾國先賢修己治人之道。治國平天下之謨。通天人之故。達古今之變。無不自文出之。則捄質返文。崇讓己爭。其有平治之一日乎。此吾所冀先師父子之書之能遍行于天下。以救亂息爭。躋天下于太平之域。不僅以文顯。斯則區區之微意也。民國五十八年十二月福州曾克耑。

周易大義序

六經皆言人事而易獨明天道其辭皆推見至隱而易獨本隱以之顯故易者聖人達天之學也雖然天道不可見要當於人事乎求之然則易之義與諸經一而已　先大夫之說易也自漢魏以來諸子百家之論著單辭隻義有涉於易者無不甄采久之乃融液會通以定一是揚子雲太玄擬易而作於易義每相比附故所取於太玄者尤多大義既明而後世諸儒之訓釋其蔽於一偏一曲而未達乎全體者亦皆可以衍而通之矣屬者同人議刻羣經乃遵錄　先公易說條列爲注冠之諸經之首俾讀易者得以窺討焉嗚乎觀於易而後知聖人之道之大與聖人之道之全也善言易者其諸

聖人之徒與癸亥十月闓生謹記

例言四則

一周易一書爲中國古聖之哲學伏羲畫卦在未有文字以前天人陰陽之奧不可語言著者皆於卦畫明之故其義宏深不獨卜筮之用而已茲謹依　先公易說列爲注釋以便讀者庶淺學之士不至望洋興歎耳

一易雖可爲卜筮之用而爲伏羲文王之著作前哲化民型俗之精意具在於是孔子講易專取人事不務玄眇聖人之旨可見矣後儒侈談象數則淫巫之小術非宏恉也　先公易說專闡明先聖教人之本意與治道相維易之廣大精微固在於此

一先公易說爲精心結譔之作生平嘗自負以爲可傳不朽

是編斷取訓詁專務簡明取便初學於原書奧博宏深之旨未盡萬一　有志學易者當取原書究之

一古人傳注雖意在釋經大率自成片段如十翼是已降及宋代歐公易童子問猶不斤斤於章句　先公易說亦本斯旨故原書自成一體不與經文並行今為便讀之故取原文條列為注乃聊且徇俗之為非著作之本意也特附記於此以明之

民國十二年十月　　闓生謹記

周易大義卷一

桐城吳先生原本　男闓生恭錄

易者占卜之名祭義易抱龜南面天子卷冕北面是易者占卜之名因以名其官周禮太卜主三兆三易三夢之占易與兆夢同類史記大宛傳天子發書易謂發書卜也又武帝輪臺詔云易之卦得大過易之卜之也說者以交易不易變易釋之皆非○闓生案易義深遠讀者難曉今依　先公易說加以簡明注釋以便省覽云

經上

太史公揚子雲皆謂伏羲作八卦文王重爲六十四與繫辭合而後儒乃謂伏羲已爲六十四卦至或以爲神農重卦皆臆說無據易繫謂易興于中古作易者有憂患又明著之爲文王與紂之事而陳履謙等九卦以證有憂患之說是九卦文王始有也重卦果始于羲農豈得以此九卦歸之文王乎獨周禮言三易經卦皆八別皆六十四似與前說不合及考淮南王書則云伏羲六十四變周室增以六爻然後知三易之別皆六十　者卽淮南所云六十四變而未嘗增爲六爻之畫亦未嘗有六十四卦之名而六十四卦則自周易始也變非卦也卦之用也猶六十四卦可變爲四千九十六卦至焦氏易林乃始爲此四千九十六卦而周易雖具其變而卦仍止六十四也周

禮所謂別皆六十四者別卽變也知三易之別皆六十四者爲六十四變而非六十四卦則文王重卦無可疑矣至爻辭在漢時并言文王所作獨馬融以爲周公徒以王亨岐山箕子明夷二事爲疑不知王雖殷王何不可亨岐山之有箕子不用於紂久矣亦不必至四奴時始可言明夷也何得以此二文遂懸定爲周公作哉自古皆言文王演易不言周公文王既爲卦辭而不爲爻辭是其業未卒也若遇爻變何以爲占乾鑿度於既濟九三云文王挻以校易不以爲周公作也後人至以彖象分屬卦爻皆曲說也

☰ 乾上
☰ 乾下

乾元亨利貞

歐公謂乾無四德以文言四德之說爲取之左氏是也析元亨利貞爲四此左氏解經之例如黃裳元吉左氏亦逐字解之又可以黃裳元爲三德乎漢儒釋春秋元年春王正月之文皆沿左氏之例蓋文辭易明而推論文外新義非本指也乾元連文乾元者天之元氣也古謂元氣爲元呂覽與元同氣是也他卦之元亨皆謂乾元也元亨者乾元開通也利貞者利於定也貞定也乾動則變而之坤故利貞定也彖於他卦元亨皆釋爲大亨而乾坤則以乾元坤元連讀文言亦稱乾元皆不以大爲義此見彖說非出一手至於利貞多釋貞爲正不知貞有數訓當隨文釋之

如大貞小貞可貞不可貞貞凶貞吝正義皆不可通且如否
繇云不利君子之正豈聖人之言乎此見易之文不可滯於
一義也

初九潛龍勿用

易以時爲大故彖於諸卦往往大其時義孔子時中乃易道也乾諸爻皆以時言淮南云潛龍勿用者言時之不可以行也潛龍句絕亨貞龍用田人乾夤淵天人悔首乾繇之韻

九二見龍在田利見大人九三君子終日乾乾夕惕若夤无咎

夤依說文校廣雅乾乾健也惕若連文惕若夤與儼若思文法正同夤敬惕也淮南云終日乾乾以陽動也夕惕若厲以陰息也因日以動因夜以息唯有道者能之

九四或躍在淵无咎

四以初爲應是主於退而象據其時義言之以爲雖進固无咎也

九五飛龍在天利見大人

王褒云非有聖智之君惡有甘棠之臣淑人君子人就者衆也

上九亢龍有悔

蔡澤云此言上而不能下信而不能詘往而不能自返者也

用九見羣龍无首吉

按說苑以无首爲人君之公不唯不自尊而已又有善與人同之義焉尤非老氏不爲天下先之恉鄭王皆以見羣龍爲句從說苑讀也

䷁
坤上
坤下

坤元亨利牝馬之貞君子有攸往先迷後得主利西南得朋東北喪朋安貞吉 凡易之元亨皆乾元也坤與乾合德故彖亦曰坤元蘇子瞻讀坤元絕句利牝馬之貞貞卜問也猶云利牝馬之占也先迷後得主爲句利一字爲句順而得主所以爲利也西南得朋陰氣起于西南也東北喪朋陽氣起于東北也安貞吉者安定則吉也坤者陰精當安靜承陽

初六履霜堅冰至 論衡云履霜已知堅冰必至天之道也霜方章囊裳黃坤緜之韻也至利貞成終亦韻

六二直方大不習无不利 直方絕句大者陽也習者重也大不習者不重陽也坤無一陽而云不重陽者凡爻詞有以變言者故象稱六二之動以爲諸卦凡例動而爲陽而上下皆陰故曰大不習也

六三含章可貞或從王事无成有終 凡含者以爲發之地也含之不貞則發之不暢而所含不章美則亦不足以貞固矣故曰含章可貞而象釋爲以時發也發者何卽下所云從王事也成制也終就也

六四括囊无咎无譽 荀子曰括囊无咎无譽腐儒之謂也今象以爲愼文言以爲賢人隱疑皆在荀子後不如荀義爲長

六五黃裳元吉

上六龍戰于野其血玄黃

用六利永貞 利永貞者利永定也

䷂ 震下坎上

屯元亨利貞勿用有攸往利建侯屯有數義序卦屯者盈也物之始生也雜卦屯見而不失其居彖云剛柔始交而難生晉語屯者厚也左傳屯固比入皆屯之義也太玄擬之以礥以閑礥生物之難也閑者陽氣閑于陰二義皆本易傳說文屯難也廣雅屯聚也蓋盈而聚聚而厚且固皆一義引申惟難爲異義晉語文武具厚之至故曰屯屯之元亨以乾元自初而上至於五也其上猶硋於一陰所謂閑於陰礥然者也故利貞定利貞故勿用有攸往元亨故利建侯司空季子曰小事不濟壅也故勿用有攸往一夫之行也衆順而有武威故利建侯深得經義

初九磐桓利居貞利建侯此卦以初爻爲主卦之繇與初無異而九五乃適相反磐桓利居貞卽勿用有攸往也初利建侯五屯其膏亦相反

六二屯如邅如乘馬班如匪寇婚媾女子貞不字十年乃字二乘初爲難三遠初爲窮四應初爲明屯邅連綿字廣雅屯驙難也乘馬班如猶言車班班也不字不嫁也貞者常也與貞疾恆不死之貞同義十年乃字者美惡周必復故象云反常謂復常也

六三卽鹿无虞惟入于林中君子幾不如舍往吝逐鹿而無虞人無可得禽

空行空反而已故曰惟入于林中也果君子也殆不如舍而勿往也幾辭也蘇子瞻以爲殆也淮南子說君子舍之以爲懼失仁義也 **六四乘馬班如求婚媾往吉无不利** 二於初非應以爲相比爲義故有疑寇之說四則婚媾矣往吉謂之初也 **九五屯其膏小貞吉大貞凶** 屯其膏謂固閉也五陷陰中所謂一夫之行故小事則吉而貞問大事則凶也貞卜問也 **上六乘馬班如泣血漣如** 上六以陰居上小人處非其位先合後忤初雖乘馬後必泣血班如猶翰如耳訓爲躓爲別皆非

䷃ 坎下艮上

蒙亨匪我求童蒙童蒙來求我初筮吉再三瀆瀆則不告利貞 太玄擬蒙爲童云陽氣始窺物僮然咸未有知謂陽自九二而上出陰之上此其爲始窺也蓋易卦觀象制名宜通六爻而成體而彖則往往以內外二體或主爻釋之如臨之剛浸而長噬嗑之頤中有物者少矣太玄所擬則多於觀象之學有得故學易者不可不通玄也童蒙來求我依釋文一本校增來字初筮告再三瀆瀆則不告此雖養蒙之道亦兼發卜筮之例 **初六發蒙利用刑人用說桎梏以往吝** 初六有發蒙之象王者之

刑亦所以發蒙也故利用之王荆公讀用說桎梏以九二彪
往六字爲句言不用刑也用刑則利不用刑則吝也

蒙吉納婦吉子克家彪依京房鄭陸校改彪文也蔡邕文童蒙來求彪之用文是也納婦一事子克家又一事於彪蒙外別出二事以盡此爻之義六三勿用取女見金夫不有躬无攸利三之不順應上而比下也金夫蓋謂二也六四困蒙吝獨遠於陽闇莫之發也六五童蒙吉五順於上童蒙之象上九擊蒙不利爲寇利禦寇上之剛有擊蒙之才爲寇禦寇二事利於此不利於彼戒辭也當依蔡邕引利下有用字小象同

䷄ 乾下坎上

需有孚光亨貞吉利涉大川需義爲須又爲柔需畏需之需故太玄準以耎傒二首釋文讀有孚光絕句孚光采色之光也需義與謙同需之有孚光猶謙尊而光也大川者大難也初九需于郊利用恆无咎初之需郊避險而遠遁者也爻以見機不進爲義而輔嗣以不能應機而進說之非是九二需于沙小有言終吉由郊而進尚未及險故象需于沙也九三需于泥致寇至

親與坎接故稱泥自我致寇知其難而不避也六四需于血出自穴血者洫之借字坎爲穴水流就下故入于上而出於下也九五需于酒食貞吉此需訓爲畏懦酒食以喻福祿也古人於晏安福祿以柔退爲主故曰需者飲食之道也難進易退恐其不能持久故貞定乃吉也上六入于穴有不速之客三人來敬之終吉入穴凶矣然下有三陽來助故終吉需上三爻皆已入險四初遇險猶有需焉行自出矣五在險中而先事後食吉之道也上無所需而徑入險不能自拔而得多助於下亦終出也

䷅ 坎下乾上

訟有孚窒惕中吉終凶利見大人不利涉大川訟之有孚言訟必有徵驗猶呂刑獄成而孚輸而孚也窒馬鄭本作咥覺悔貌窒惕者覺悔而懼也中吉者合乎中道則吉卽九五之元吉也初六不永所事小有言終吉訟不欲剛而欲柔故初六以不永所事而終吉六三亦以終吉言之皆以柔爲貴也九二不克訟歸而逋其邑人三百戶无眚訟非美事故陽爻皆主卦變爲義唯九五以中道得吉餘皆言其變剛變而柔則不爭矣歸而逋者變而爲陰而下三爻有三百戶之象是以

无眚。

六三。食舊德。貞厲。終吉。或從王事。无成。訟之六三。即坤之六三。諸爻多變爲陽。而六三未動。故云食舊德貞。而仍取坤六三之辭繫之也。

九四。不克訟。復即命。渝。安貞吉。渝者亦變爲陰。故有安定之吉。

九五。訟元吉。辭但言訟。不言聽訟。說者以爲聽訟之主。非也。

上九。或錫之鞶帶。終朝三褫之。三褫。井九四九二言之。三陽皆變爲三褫也。

䷆ 坎下坤上

師貞丈人吉。无咎。彖云能以衆正。是以師貞爲句。而鄭衆陸德明均以貞丈人吉爲句。歐公亦然。不從彖也。鄭衆云貞問也。其詁最塙。丈人對子弟言之。作大人者非。

初六。師出以律。否臧凶。否臧。劉荀陸皆作不。不否同字。左傳。順成爲臧。逆爲否。此讀臧否對文。其云否臧則律竭也。則讀否爲不也。其云有律以如己者。如者謀也。用師所以謀人。有律則先以謀己也。

九二。在師中。吉。无咎。王三錫命。程子云居下而專制。唯在師則可。言九二之才。在師中則吉而无咎也。

六三。師或輿尸。凶。輿尸。謂兵敗輿尸而歸。

六四。師左次。无咎。左次。退舍也。左傳。吾左旋入于宋。若我何。

六五。田有禽。利執

言无咎長子帥師弟子輿尸貞凶利執言猶蒙二之納婦吉別爲一事與上不相蒙執言者聞執讒慝之口也朱子云長子九二弟子三四也若使君子用事又以小人參之則不免於凶矣貞凶貞吝之貞皆訓爲當言當之者凶且吝也若云雖正亦凶則乖於理矣上六大君有命開國承家小人勿用卦爻并言師旅至上爻以處衆陰之上陰極陽生變師旅之文獨陳開國承家之戒言之沈痛此作易者所以有憂患也

☷☵ 坤下坎上

比吉原筮元永貞无咎不寧方來後夫凶比有二義彖釋爲輔太玄擬之爲密爲親蓋萬物之自相比一也陽比萬物萬物比陽二也原筮謂再筮也初筮得乾再筮而五五爻皆變唯九五不變故曰元永貞元者陽爻謂九五永貞者永定也方并也言不安其故處而并來歸五也後夫凶後至則刖之之例也

初六有孚比之无咎有孚盈缶終來有它吉有孚謂二也二爲五之孚即夷伯季氏之孚例也比之无咎謂初比二一也有孚盈缶孚乃采之借字采果贏也謂五也五來比二二而初與焉是謂有它吉也

六

二比之自內貞吉比之自內比五也擇才而用雖在乎上以身許國必由於己故曰自內貞吉者當之則吉也**六三比之匪人凶**人謂陽也匪人非陽也依王肅本補凶字**六四外比之貞吉**外比之五在四外也比陰爲匪人比陽爲比賢故貞吉**九五顯比王用三驅失前禽邑人不誡吉**顯比卽太玄所云陽氣親天者也三驅以象初三四前禽謂上邑人謂二也不誡不待告戒也言羣陰皆來歸附而應於下者更不待言也**上六比之无首凶**无首象釋爲无終无終卽无首也以上下言之則爲无首以始終言之則爲无終

☴☰ 乾下巽上

小畜亨密雲不雨自我西郊畜有歛訓太玄擬以爲歛其首辭云陽氣大滿于外微陰小歛于內最得卦義凡玄之觀象多如此但觀卦畫可知不必合二體而後定也密雲不雨卽喻微陰小歛之象自我西郊者雲起岐山未徧及于四境故彖曰施未行也**初九復自道何其咎吉**凡陽自上而下者爲復復自道者當歛退之始陽還歸于乾之初九是復而從道自者從也**九二牽復吉**二與初比故牽連而復亦

吉道也

九三輿說輹夫妻反目三位已進非斂時所宜處陰下尤為失所故有說輹反目之象說輹則不能進反目陰陵陽也輹字依釋文校改輹伏兎也上承車箱下扼車軸車駕則縛之不駕則說若輻則非可說之物且失韻矣

六四有孚血去惕出无咎四之孚五也以孚五而解憂懼血依馬讀為恤

九五有孚攣如富以其鄰五之孚上也攣如與上連也不獨富與上皆富也

上九既雨既處尚德載婦貞厲月幾望君子征凶至上九則將變而不斂故曰既雨既處處止也陰不斂則陽漸虧故婦貞厲而君子征凶也三說輹而上得載得載宜若可征而凶者以月且近望也一陰微耳不斂則近望亦履霜堅冰之義也德得同字

☱☰ 兌下乾上

履虎尾不咥人亨利貞履借為禮故大象以禮明之而太玄亦擬之為禮履虎尾卦名通繇詞為句乃變例也上三陽為虎下二陽為尾故彖以柔履剛釋之不咥人者雖履其危而不見害也亨下利貞二字依荀本補

初九素履往无咎禮始于素故初為素履以喻布衣之士未得居位獨行禮義不失其正也

九二

履道坦坦，幽人貞吉。王云履道尚謙是也。虞以幽爲幽繫，殊非。六三眇能視，跛能履，履虎尾，咥人凶，武人爲于大君。眇視跛履，皆力不足而志不止之象。能，虞本作而。履尾咥人，則履危遇害之象，無往而宜，唯武人用之以爲其君可也。九四履虎尾，愬愬終吉。愬愬履危知懼，然不以懼止，故象曰志行也。九五夬履，貞厲。夬履者，夬之與與履兩相易也。此以卦變取象，三上變體爲夬，五在上之下，爲夬所履，故云夬履。在履家而以剛決行之，故貞厲，言當之者危也。上九視履考祥，其旋元吉。視與示同，謂以禮示天下也。吳草盧讀視履爲句，考祥其旋爲句，祥詳同字，其旋其歸也。示天下以禮，而考詳其要歸，此治定制禮之事，故曰元吉在上，大有慶也。

䷊ 乾下坤上

泰小往大來，吉亨。泰，通也，大也。否，閉也，塞也。太玄擬泰爲達，爲交；擬否爲唫，爲守。劉向云：泰者通而治也，否者閉而亂也。大小往來，發卦變之凡例。卦自乾坤而變也，損益之名卦，著其自泰否變也，皆文王之辭之言卦變者也。初九拔茅茹，以其彙征吉。以，與也。彙者類也。以其彙征，與以其彙貞對文。征，行也。貞，定也。

陽喜進而陰喜靜泰始則宜進如否之時則宜靜也

九二包荒用馮河不遐遺朋亡得尚于中行此文王自記其伐犬戎之事太玄范注包荒謂包有四荒也馮河以河爲界也河南之戎皆歸中國之化此所以爲不遐遺也中行者中國之事尚配也馮河爲界之犬戎皆離其醜類而得自比于中國也

九三无平不陂无往不復艱貞无咎勿恤其孚于食有福孚驗也謂平陂之驗不足爲憂雖禍之將至往爲之則有福也于往也食爲也太玄范注貞精誠也艱貞之訓宜從之

六四翩翩不富以其鄰不戒以孚以者及也翩翩者及鄰之狀也鄰謂上二爻不戒以孚者不謀而合也

六五帝乙歸妹以祉元吉帝乙歸妹三四變而成歸妹也帝乙湯也以此也祉福也

上六城復于隍勿用師自邑告命貞吝城復于隍泰極而否也邑挹之借字若漢文之答單于諭南越皆自挹之告命也象曰命亂謂天命當復亂也

☷☰ 坤下乾上

否之匪人不利君子貞大往小來王介甫云否之者非人也天也貞占也不利君子之

占易之君子小人多以位言易爲君子謀不爲小人謀也獨象之言消長則以德言之乃推論及此非經指也

初六拔茅茹以其彙貞吉亨義見泰初爻

六二包承小人吉大人否亨包承包羞說者依文生訓最爲不詞吳幼淸云承當爲脀牲之正體也羞者食之加品非正品也然則包當讀爲庖庖脀賤有司之職而行禮之所有事故曰小人吉籩豆之事則有司存故大人否亨否不也

六三包羞三失位故爲庖羞所執之事非正品矣

九四有命无咎疇離祉命天命也否已過中天命將復故无咎五上二爻與四同類而受福故曰疇離祉

九五休否大人吉其亡其亡繫于苞桑休息也否道將極唯大人能使之息也其亡其亡大人休否者戒愼之心如此也繫于苞桑以喻固也

上九傾否先否後喜傾否反否爲泰也

䷌ 離下乾上

同人于野亨利涉大川利君子貞同人于野東坡云野无求之地凡從我者皆誠同也

初九同人于門无咎于門者始出也

六二同人于宗吝出門而最近者莫若宗鄙

故曰宗

九三伏戎于莽升其高陵三歲不興伏莽者二也三之升高陵升四而望五四之乘墉乘三而攻二也三四皆不能克然陰亦不能出而敵陽故曰三歲不興三歲者以一爻爲一年也

九四乘其墉弗克攻吉四之吉者知難而退也故象云反則反其不攻之常也則常也

九五同人先號咷而後笑大師克相遇五則克矣克去二陰則與乾之九二相遇矣號咷先難後獲也卦義和同而諸爻皆以攻伐爲文去其不同乃成大同也王云同人不弘剛健之爻皆至用師

上九同人于郊无悔王云最在于外不獲同志而遠于內事

☰☲ 乾下離上

大有元亨大謂陽也有者盛多之義故太玄擬之爲盛象主柔爻爲言義未盡也

初九无交害匪咎艱則无咎无交害匪咎者言處盛之初凡有交害無不爲咎所以戒之也故曰艱則无咎

九二大車以載有攸往无咎乾爲大車體剛履中可以任重

九三公用亨于天子小人弗克天子爲上九也小人弗克非下位者所堪也

九四匪其彭无咎彭當依虞本作

尫匪分也當正盛之時而分析其尫弱之端故象曰明辯晳也又或作旁旁古邪字義同彭與旁通

六五厥孚交如威如吉五陽皆與陰合故云厥孚交如以信志交

上九自天祐之吉无不利上乃賢臣之事說者泥於五爲君位誤也五爲信德而已履焉志從於五是尙賢也此天子之事易固不顓顓以五爲君位也其義則繫辭備矣

䷎ 艮下坤上

謙亨君子有終謙古本作嗛嗛者少也故太玄擬之爲少而彖以盈嗛對文其義通作謙敬之謙如亨爲通又釋爲嘉會以其借爲亨也需爲須又釋爲柔畏以其借爲懦也說苑引此文終下有吉字說云能以此終吉者君子之道也韓詩外傳同

初六謙謙君子用涉大川吉嗛嗛重言形況之字說者謂謙而又謙失之嗛嗛二字爲句君子用涉大川君子用嗛嗛之道以涉大川也象斷四字爲句爻不然也

六二鳴謙貞吉日之謙當鳥謙有鳥象故曰鳴鳴嗛者以少爲號也

九三勞謙君子有終吉三之勞謙接兩體焉非勞不可亦乾乾之義矣荀云體坎爲勞以互體說之亦合象義

六四无不利撝謙撝佐也卦

以九三爲君四佐三者也六五不富以其鄰利用侵伐无不利不富者不自滿假之義鄰謂上也五之不富上之鳴謙皆利征伐老子云抗兵相加哀者勝矣是其義也上六鳴謙利用行師征邑國上之鳴嗛羸形示弱者也嗛之極而利以征伐行師此聖人之時中所以異於黃老也

☷☳ 坤下震上

豫利建侯行師豫樂也太玄亦準之爲樂釋文豫備之義卦爻無之國語以居樂出威爲說居樂豫也出威建侯行師也此二事尤以順動而人樂之爲主不豫不可爲也初六鳴豫凶卦與謙反豫初卽謙上故亦爲鳴鳴豫爲自滿故凶此死於安樂之說也六二介于石不終日貞吉介者操也于大傳作如介如石言其堅定不終日言去速也六三盱豫悔遲有悔盱樂意也遲者待也當六二遠去之時既盱且樂此有悔矣六二不終日之決而三方有待又一悔也有又也九四由豫大有得勿疑朋盍簪由繇同繇憂也在豫能憂憂是爲憂憂盛危明故大有得簪簪荀本作宗簪宗之假字宗聚也盍簪合聚也六五貞疾恒不死貞疾固疾也在豫家而有固疾不得爲豫故爻不言豫也上六冥豫成有

渝无咎冥昧而耽于樂宜其凶矣以其成而又變得无咎也有又也凡卦之終皆有變義

☱☳ 震下兌上

隨元亨利貞无咎凡言元亨者皆謂乾元開通卦中陽爻卽乾元也利貞者利於定也隨非美德故利貞乃无咎左氏四德之說非經指彖云大亨貞亦未合故訓

初九官有渝貞吉出門交有功官讀爲館隨否上之初陽本居上今變而在下是館之而又渝也有又也貞吉者當之者吉也以剛下柔故出門則人從之同人初九與此同也

六二係小子失丈夫小子謂初丈夫謂四二係初而失四三係四而失初也

六三係丈夫失小子隨有求得利居貞四陽當任而隨之故有求必得然非正應故利居貞也

九四隨有獲貞凶有孚在道以明何咎隨有獲獲三也有孚在道孚于五也

九五孚于嘉吉孚于嘉者孚于四也

上六拘係之乃從維之王用亨于西山隨二月之卦萬物隨陽而出拘係之維持之陰被陽化而欲隨之也乃讀爲仍仍者又也王用亨于西山取神人感孚維繫不解之義乃別一事其詞與上不相屬也

巽下艮上

蠱元亨利涉大川先甲三日後甲三日蠱者事也故子雲擬之爲務爲事左傳皿蟲爲蠱非名卦之本義也說者謂壞極而有事牽合爲訓亦非先甲三日後甲三日唯傳云終則有始爲得其義甲者十日之始先甲三日是前之十日就終後甲三日是後之十日又始此循環之說也古止以甲乙記數耳無他義白虎通云先甲三日辛也後甲三日丁也皆可以接事昊天之日也此自牽引以證祭用丁辛之說耳虞鄭各家說之皆未是

初六幹父之蠱有子考无咎厲終吉蠱事也幹者幹正其事初爲子象故云有子體柔故厲終吉

九二幹母之蠱不可貞二位陰居內爲母象貞固執也

九三幹父之蠱小有悔无大咎三爻位俱剛故小悔

六四裕父之蠱往見吝虞云裕不能爭也廣雅裕容也已壞之緒而姑容之故吝

六五幹父之蠱用譽柔中居尊以此幹蠱可致聞譽

上九不事王侯高尚其事上九別出一義易文往往如此處乎事外故象不事王侯也

兌下坤上

臨元亨利貞至于八月有凶臨大也左傳不行之謂臨臨者大而不行之義至于八月有凶故利貞定也言八月者臨觀二卦以反對取象臨卦四陰合之觀卦四陰爲八月也初九咸臨貞吉太玄注云臨者進見初二皆進故皆曰咸臨進而不遽大也故曰貞吉必貞定而後吉也九二咸臨吉无不利二則乃愈强而外之長勢未已故吉无不利卦以不行爲義而我志在行故象以爲未順命也六三甘臨无攸利既憂之无咎甘臨卽有帥不從之悄甘於不從陽也憂之則終當變而從陽矣六四至臨无咎至者下也說文鳥飛從高下至地也至臨者下就而不上行故无咎六五知臨大君之宜吉五有文明含章之象故曰知曰宜大君謂二也象曰行中自二而上進於五也上六敦臨吉无咎東坡云敦益也五已應二上又從而附益之猶復之六四既已應初五又附益之也此卦二陽皆取大義四陰皆取不行爲義

䷓坤下巽上

觀盥而不薦有孚顒若盥灌通借灌地以降神也盥而不薦有孚顒若言觀盥而不觀其薦而有

孚者巳顯若矣謂感應之神速也彖云下觀而化盡之矣王肅本薦上多一觀字作一句讀

初六童觀小人无咎君子吝 王弼云處大觀之時而爲童觀不亦鄙乎

六二闚觀利女貞 王云處大觀之時不能大觀廣覽誠可醜也利女貞利女子之占也

六三觀我生進退 我謂民也觀民生之治亂而爲進退也京房以我爲賢人我生謂賢人之性行也觀賢人之性行而進退之

六四觀國之光利用賓于王 四近于五故有此象

九五觀我生君子无咎 我生亦謂民也二陽在上將消矣故但无咎而已

上九觀其生君子无咎 其生卽我生我者民自我也其者其民也

䷔ 震下離上

噬嗑亨利用獄 噬嗑名卦觀象取義望而可識而大傳又借爲市合此可證古訓之借聲立義也利用獄如利建侯利涉大川之類偶舉一事以證非全卦專取乎此也說者以爲刑獄之卦非是

初九屨校滅趾无咎 滅趾滅鼻滅者沒也或以爲傷非是

六二噬膚滅鼻无咎 二三五皆柔三五以柔居剛雖脆而堅而二最易噬噬膚腊本於禮之膚鼎腊鼎膚者豕腹之下古禮別實於一鼎曰膚鼎也

六三噬腊肉

遇毒小吝无咎腊鼎實兎之甍爲腊九四噬乾胏得金矢利艱貞吉四剛故爲乾胏胏者有骨者也得金矢別爲一象與上不相蒙解者謂噬而得之於義不可通也六五噬乾肉得黃金貞厲无咎上九何校滅耳凶中四爻皆取噬義初上則象刑獄

䷕ 離下艮上

賁亨小利有攸往賁爲飾又古斑字又變也美也兼此數訓而後義備凡言亨者皆陽也小者陰也陽得柔文之而氣始通陰得剛上文之而後利有攸往小以陰言而其占則爲小事也初九賁其趾舍車而徒賁其趾賁其須賁者飾也趾當依釋文作止止者不進之義須者待也初象不進之義故曰弗乘二象有待故與上興上者三也賁一字爲句言當賁之時其止而勿進也六二賁其須九三賁如濡如永貞吉賁如者斑如也賁如自飾濡如六二飾之二三同德六四賁如皤如白馬翰如匪寇婚媾皤者白色或飾或素故象曰疑也乘馬翰如匪寇婚媾與屯二同辭皆謂乘剛也乘馬婚媾皆謂三也六五賁于丘園束帛戔戔吝終吉賁于丘園謂聘士也戔戔淺少也上九

白賁无咎。白賁之賁，取變義也。賁極反本，復於無色。

☷☶ 坤下艮上

剝不利有攸往。剝，落也，裂也，割也。小人極盛，君子不可有所之，故不利有攸往。初六剝牀以足，蔑貞凶。足，牀足也。以，猶及也。當剝之始，尚不爲凶，唯無正則凶也。六二剝牀以辨，蔑貞凶。辨，簀也。剝及之，則未有與矣。六三剝无咎。依釋文滅之字，京、劉、荀爽、一行皆無，有者涉小象而衍也。六四剝牀以膚凶。膚，京作簠，祭器。牀蓋反簠之器，周禮注以簠爲牀是也。六五貫魚以宮人寵，无不利。率羣陰以事陽，后妃之象也。上九碩果不食，君子得輿，小人剝廬。君子謂陽，小人謂陰。自君子言之，則五陰載之，得輿之象；自小人言之，則陽覆其上，是廬也。五陰共剝此陽，是自剝其廬也。

☷☳ 震下坤上

復亨，出入无疾，朋來无咎。反復其道，七日來復，利有攸往。復之

義反也周也太玄擬之爲周周周而反始也故曰出入无疾反復其道朋來无咎欲衆陽漸進之詞也七日來復者復自坤來以一爻當一日也

初九不遠復无祇悔元吉 在初而復故云不遠不遠所以無多悔也祇多也

六二休復吉 他卦皆上行獨復以還反爲義還反則二下於初故象曰下仁仁者陽也

六三頻復厲无咎 頻休對文休爲喜故馬虞皆以憂嚬爲訓蓋古義也

六四中行獨復 中行獨復者中道獨反也

六五敦復无悔 敦復迷復之復皆爲周復不取復反爲義說者以反釋之於文未審

上六迷復凶有災眚用行師終有大敗以其國君凶至于十年不克征 國君謂初也易以陽爲君復一陽在內爲卦主故有國君之象以其國君凶極言陰之敗于陽耳非初九亦因上六而敗也毋以詞害義

䷘ 震下乾上

无妄元亨利貞其匪正有眚不利有攸往 妄者望也无妄无所希望也猶云不意也以虛妄釋之非是古以无妄爲災運太玄擬之爲去云陽去其陰陰去其陽物咸倜倡處无妄之世以正爲主故匪

正有眚元亨者乾元來通於內利貞者利定也象云大亨以正非繇義

初九无妄往吉　六二不耕穫不菑畬則利有攸往不耕而穫不菑而畬猶言鳥頭白馬生角乃必無之事甚言其不利往也猶云秪乳乃得歸耳

六三无妄之災或繫之牛行人之得邑人之災无妄之災无妄之疾災疾之出於不意者也行人牽牛以去而居人反遭詰捕之擾故曰災

九四可貞无咎三四相承无妄之災可貞以守也

九五无妄之疾勿藥有喜易以乘剛爲疾五之藥謂二也二不利往故象云不可試

上九无妄行有眚无攸利卦自初以外皆不利行上則亢窮矣

☶☰ 乾下艮上

大畜利貞不家食吉利涉大川大玄擬小畜爲歛擬大畜爲積皆無止義大者陽也陽能積聚萬物故曰大畜積首云陰將大閉陽尚小開山川藪澤萬物攸歸是其義也不家食者取陽能聚物爲義故象云養賢上爲主四五爲疾賢之人下三爻求進之君子也

初九有厲利已凡陽之行遇陰則通遇陽則阻故初二皆不進而三利往也利已者利于止也

九二輿說輹　九三良馬逐利艱貞曰閑

輿衞利有攸往。良馬逐，當依鄭重逐字。艱貞者，以上卦爲艮止也。曰讀爲日，曰閑輿衛者，日習車徒也。六四童牛之牿，元吉。四偪於三五，閡於上，皆楅衡之象。牙當依鄭本讀爲互，謂楅衡之屬也。一說牿當依劉陸作角，童牛尚無角，豶豕雖有牙，亦不足爲害，皆不害于陽者也。豶豕，豕去勢者。六五豶豕之牙，吉。上九何天之衢，亨。何天之衢，鄭云負荷天之大道，虞訓何爲當，并通。

䷚ 震下艮上

頤貞吉，觀頤，自求口食。觀頤自求口食，言觀頤之象，而得自求口食之義也。口食謂福祿，自求口食，猶云自求多福也。初九舍爾靈龜，觀我朶頤，凶。朶，京作揣，義同，謂動也。王云舍其靈龜之明兆，闕我寵祿以競進是也。爾謂初也，我謂上，成卦之主也。靈龜以喻明智，說者以不食說之，非是。六二顚頤，拂經于丘頤，征凶。顚讀爲寘，寘，實也。拂悖同字。丘，空也。拂經于丘頤，悖其空頤之常也。六三拂頤，貞凶，十年勿用，无攸利。拂頤謂不可於口也，猶拂心拂耳之拂。六四顚頤，吉。虎視眈眈，其欲逐逐，无咎。逐逐當依荀本作悠悠。虎視眈眈，視近也。其欲悠悠，志遠也。漢書敘

傳作湫湫義同

六五拂經居貞吉不可涉大川 拂經依輔嗣注爻乃拂頤之誤二四以陰居陰皆爲窴頤三五以陰居陽皆爲拂頤

上九由頤厲吉利涉大川 由讀爲妯動也與朶頤同

䷛ 巽下兌上

大過棟橈利有攸往亨 大過太玄擬之爲失又擬之爲劇劇甚也又疾也是時陰大賊陽陽不能制故爲陽失又陰盛大凝沍萬物羣附麗之於是陽劇兼此二義也卦以三四爲棟以初上爲橈故曰本末弱三之不可有輔而凶自棟言之卦之利有攸往而亨自治棟者言之王云君子有爲之時是也

初六藉用白茅无咎。 王駿云言臣子之改過自新絜己以承然後免於咎最得其指

九二枯楊生稊老夫得其女妻无不利 稊荑同字木枯更生也初爲女妻二在其上故爲老

九三棟橈凶 三居下卦之上下有初六故爲棟橈之象三應上故不可以有輔也

九四棟隆吉有它吝 九四居上卦之下上有九五故爲棟隆之象下應初六則有它而吝矣

九五枯楊生華老婦得其士夫无咎无譽 上爲老婦五在其下故爲少凡无咎无譽皆非美占坤初六荀子亦以爲腐儒王云處棟橈之世而爲无咎无

譽何可長哉其說是也 上六過涉滅頂凶无咎 朱子云處過極之地才弱不足以濟凶矣然於義爲无咎也

☵ 坎下坎上

習坎有孚維心亨行有尚 習坎以二字爲卦名坎在六子之先故加習以起例習者重也坎之義爲險爲陷又爲勞王云剛在內有孚也陽不外發心亨也外雖有險苟處之心亨不疑則雖難必濟矣 初六習坎入于坎窞凶 窞者坎之中又有坎焉是此爻之象也 九二坎有險求小得 九二未能出險爲六三所揜可以求比于初而已 六三來之坎坎險且枕入于坎窞勿用 來之勞之也坎坎喜也三在內卦之上若將出險故勞來而喜然外險又至故又有檢枕入窞之象險鄭作檢木在手曰檢在首曰枕 六四樽酒簋貳用缶納約自牖終无咎 樽酒簋三字句簋缶牖咎爲韻貳副也納虞作內牖道也納約自牖者內自約敕以從道也 九五坎不盈祇既平无咎 祇辭也祇既平无咎依王注五字爲句然平自與盈韻言盡平乃无咎明九五未免於咎也 上六係用

徽纆寘于叢棘三歲不得凶寘于叢棘猶言困于蒺藜不得者罪人不服之辭也三歲九家易云上罪三年而舍也

䷝ 離下離上

離利貞亨畜牝牛吉離麗也訓為別離者非坎陽陷宜動故云行有尚離陰麗宜靜故利貞貞定也陰定則陽通故亨牝牛離象柔處于內而履正中牝之善也外强而內順牛之善也初九履錯然敬之无咎二與初相麗故有交錯之象敬之敬此履錯然者也六二黃離元吉黃離與坤黃裳詞同離者婦人佩飾班倢伃賦申佩離以自思是也九三日昃之離不鼓缶而歌則大耋之嗟依鄭及古文滅凶字日昃之離離謂日也離為日荀云初為日出二為日中三為日昃不鼓缶而歌則大耋之嗟言不如此則如彼也鼓缶而歌及時行樂之指九四突如其來如焚如死如棄如五麗于四故有突來之象四不能制五則無地自容故為焚死棄之象鹽鐵論云處非其位行非其道是也六五出涕沱若戚嗟若吉五乘四故涕嗟附上故吉上九為王而六五離之故象云離王公解者必以五為君

失之矣。上九王用出征有嘉折首獲匪其醜无咎。離諸爻皆取陰麗于陽爲義至上九則別出一義爲除其非類之象文之所以貫變也。

經下

䷞ 艮下兌上

咸亨利貞取女吉。咸之象自古以親迎爲義故太玄擬之爲迎然咸之義不惟夫婦一事繇云亨利貞者爲凡感者言之下則隨取一事爲證故曰取女吉。初六咸其拇。爻詞又別取人身爲象而不拘拘于繇義亦見易之多變也諸爻言咸猶無感我帨之感咸又有速義猶太玄之云竸其股也初最居下故爲拇。六二咸其腓凶居吉。腓腨腸也一作肥與髀同初之志在外爲行二咸其腓亦爲行行則不處云居吉者勸其處也。九三咸其股執其隨往吝。三咸股亦爲行故象云亦不處其隨云者三與初互易爲隨以卦變取象也趾腓隨股者也執縶通又守也咸有動義而卦爻皆以定爲美三雖不處而守執于下二陰故象曰所執下而戒以往吝也。九四貞吉悔亡憧憧往來朋從爾思。憧憧往來不絕貌思心也憧憧往來所謂感害貞定則吉而悔亡有感而害則未光大也**九五咸其脢无悔**脢者背脊肉故象云志末淮南注云末者脊也**上六咸其輔頰舌**頰孟作俠假借字

䷟ 巽下震上

恆亨无咎利貞利有攸往恆久也文固也太玄擬之爲永云道可長久者也文擬之爲常云萬世不易者也兼此兩義而後備疏以亨爲變通云恆久之道所貴變通不能變通無由長久故曰恆亨恆久不厭故利貞有恆則无爲不成故利有攸往**初六濬恆貞凶无攸利**濬依鄭本校恆讀爲堩堩道也說文濬深通川也濬恆則濬於平地故象曰始求深也

九二悔亡二之久中四之久非其位皆取久義二以久中而悔亡四以久非其位而無獲**九三不恆其德或承之羞貞吝**三不恆其德五恆其德皆取固義三在二體之交於彼於此故不恆五一於柔故貞婦人吉也**九四田无禽六五恆其德貞婦人吉夫子凶**貞凶貞吝貞皆訓當謂當之者凶吝貞婦人吉之貞鄭訓爲問是也貞與偵同偵卜問也謂卜問之者婦人則吉夫子則凶也**上六震恆凶**震依虞張本校在震之上故曰震恆震振動也恆與縆通

詩傳恒弦也震恒者振弦也張弦而振動之則不能彈矣故曰大无功也

䷠ 艮下乾上

遯亨小利貞 遯字依釋文歐公云遯者見之先也陰進而未盛陽能先見而遯小利貞者二陰浸長故戒之利於定也小謂陰也 初六遯尾厲勿用有攸往 遯初非獸而言尾遯上非鳥而言飛此易之所爲奇而法也陰已至二而初在其後故曰尾勿用有攸往王云危至而後求行難可免乎 六二執之用黃牛之革莫之勝說 初以不往免災二亦執而莫脫二陰柔弱皆不能遯者 九三係遯有疾厲畜臣妾吉 三以下係二陰亦不能遯古以二陰爲民有諸侯之象故畜臣妾吉也 九四好遯君子吉小人否 外三爻遠於陰皆以能去爲義好遯者遯而能好好者美也 九五嘉遯貞吉 嘉遯者遯而能嘉嘉者樂也 上九飛遯无不利 上最遠陰故爲飛九師云遯而能飛吉孰大焉釋文正義皆據誤本從虞作肥非是

䷡ 乾下震上

大壯利貞。大壯之壯。馬虞并訓傷。而雜卦序卦皆訓爲止。蓋傷則止。二義相因。太玄擬之以格。又擬之以夷。格止也。夷傷也。大象非禮弗履。取止義。亦懼其傷也。王介甫云。四陽足以勝二陰。可止而不可征。故曰利貞。初九壯于趾。征凶有孚。漢書以傷足爲壯趾征凶有孚。王云以斯而進。窮凶可必也。九二貞吉。貞者。定則吉也。九三小人用壯。君子用罔。貞厲。羝羊觸藩。羸其角。罔依馬王訓無。言小人以進而傷。在位君子宜無之也。藩者四也。朱子云。三前有四。猶有藩焉。四前二陰。則藩決矣。羸與累縲義同。拘繫纆繞也。九四貞吉悔亡。藩決不羸。壯于大輿之輹。四既藩決不羸。可進矣。然進則傷于車輹。卦之云利貞者。爲四言之也。戒其傷。故不進也。六五喪羊于易。无悔。羊壯也。易場也。此喪羊于易。其詞爲亡羊于疆場。而其義則爲除其壯很于平易也。王介甫云。大壯之時。位大中而處以柔。能喪其很者也。絕四類是矣。上六羝羊觸藩。不能退。不能遂。无攸利。艱則吉。○上之羝羊觸藩。與三同。上與三應。故亦爲羝羊。窮無所入。故亦象觸藩。遂進也。上窮故不能進。剛浸長故不能退。陰極將變而從陽。變柔爲剛。是其艱也。能艱則吉矣。

☷☲ 坤下 離上

晉。康侯用錫馬蕃庶。晝日三接。康褒大尊廣之意。錫馬蕃庶。如詩之錫路車乘馬。晝日三接。如左傳之出入三覲。晉之繇取此者。坤臣道。日君德。臣以功進。君以恩接也。

初六。晉如摧如。貞吉。罔孚裕无咎。晉卦陰爻皆吉者。進宜懦也。罔孚。孚者驗也。王介甫云。初六度義以進退者也。常人不見孚。則或急於進以求有爲。或急於退以懟上之不知。而不能裕矣。

六二。晉如愁如。貞吉。受茲介福于其王母。愁鄭作愀是也。摧如愁如。皆君子難進易退之義。故皆貞吉。受介福于王母。王注。立誠于闇。闇亦應之也。陰爲闇。二五皆陰而相應也。

六三。眾允。悔亡。眾允之允。當依吳澄讀⿰本允。⿰本允。進也。與下二爻俱進。故曰眾進。

九四。晉如鼫鼠。貞厲。鼫鼠五技而窮。朱子云。不中不正。以竊高位。而畏人者也。

六五。悔亡。失得勿恤。往吉无不利。朱子云。大明在上。下皆順從。故其占如此。

上九。晉其角。維用伐邑。厲吉无咎。貞吝。晉其角。與姤其角同義。王云。過明之中。明將夷焉。已在乎角。而猶進之。非亢如何。伐邑雖危。然吉且无咎。若貞定而不動。則吝矣。

離下坤上

明夷利艱貞。明夷之名取二體爲象日入地中謂之明夷夷滅傷也太玄擬之爲晦其辭曰陰登陽降物咸喪明是也

初九明夷于飛垂其翼君子于行三日不食有攸往主人有言初當明之始夷將飛則傷其翼將去則不得食有所往而人疑之蓋所遇爲已艱矣

六二明夷夷于左股用拯馬壯吉二則傷及左股視初益艱然猶可及止故用拯馬壯吉象云順以則者順從也以而也則卽也從而卽之釋馬壯之義也拯馬連文說詳渙卦

九三明夷于南狩得其大首不可疾貞三言明夷矣而往就明方則大有得也貞有成就之義不可疾貞不可疾就也一說不可疾句貞一字爲句亦通

六四入于左腹獲明夷之心于出門庭四與三相比三甫出門庭而四已獲其心陽稱左謂九三也二於三爲股四於三爲腹上下之象也

六五箕子之明夷利貞五當夷甚之時明疑于息矣取象箕子以喻其明之不可息也當明夷之時而以利艱貞爲文文王未嘗不以自況擬之於箕子亦同明相照之所寄託也或以此疑爻辭非文王作迂矣乾鑿度云上術先聖考諸近世采美善以見王事

其說當矣上六不明晦初登于天後入于地晉時明在上麗乾為登于天今反在下為入地也

離下巽上

家人利女貞說文家居也故太玄擬家人為居利女貞利女子之占也初九閑有家悔亡王云凡教在初而法在始家瀆而後嚴之則悔矣有家之有辭也六二无攸遂在中饋貞吉谷永疏易曰在中饋无攸遂言婦人不得與事也其文與今互倒中饋言主祭疏謂以饋食供祭是也九三家人嗃嗃悔厲吉婦子嘻嘻終吝嗃嗃當依荀本作確確王云行與其慢也寧過乎恭家與其瀆也寧過乎嚴是也六四富家大吉應初順五乘三比據三陽故曰富家大吉凡言富者皆謂陽也言不富者皆謂陰也九五王假有家勿恤吉假讀有恥且格之格其所以能格之者以交相愛也能交相愛雖有勿格亦勿憂矣言必格也上九有孚威如終吉威如者言行相顧德盛如威也

兌下離上

睽小事吉。睽乖異也。火上澤下。猶人同居而異志。太玄擬之爲戾曰。陽氣孚微。物各乖離。而觸其類。猶家人爲居。而云陽方躣膚。赫赫爲物城郭。物咸得度。皆以陰陽明之也。小事吉者。歐公云。小事睽則吉。大事睽則凶也。初九悔亡。喪馬勿逐自復。見惡人。无咎。喪馬謂乾之三變爲兌也。乾爲馬。三變則馬喪矣。勿逐自復。陽行自還也。惡人謂三也。陰惡陽善。故三爲惡人。初爲元夫。元。善也。見惡人宜有咎。以二爲之蔽。故无咎也。九二遇主于巷。无咎。主三也。三爲下卦之主。巷者。出門近遇之也。姚姬傳云。周以前言主。皆謂賓主。三晉之後。乃謂君爲主。作易時無有也。六三見輿曳。其牛掣。其人天且劓。无初有終。三居二陽之閒。輿曳于二。牛掣于四。天且劓者。天。馬本作天。天。過也。劓。王肅本作鼽。卒以應上九之剛而獲有終。義固無大咎。不當有天絕黥劓之刑也。九四睽孤。遇元夫。交孚。厲无咎。遇元夫矣。其云睽孤何也。以在兩陰之間。故曰孤。六五悔亡。厥宗噬膚。往何咎。宗謂上也。噬膚齧柔也。謂相比近也。上九睽孤。見豕負塗。載鬼一車。先張之弧。後說之壺。匪寇婚媾。往遇雨則吉。上之睽孤。據陰也。豕者陰類。負塗在澤也。謂內三爻也。載鬼一車則通下

五爻言之所謂羣疑也後說之壺京馬鄭虞王翟皆作壺作弧者誤字說音稅稅遺也謂遺之以壺也遇雨則疑盡釋矣

艮下坎上

蹇利西南不利東北利見大人貞吉蹇與謇通西南爲外卦東北爲內卦利西南謂陽爻上至九五故象曰往得中也不利東北陽爻居下卦之終故曰道窮謂九三也**初六往蹇來譽**往來謂動靜也歸熙甫云以往來爲爻蓋觀天下之變而審處之**六二王臣蹇蹇匪躬之故**漢人引蹇蹇多作謇謇一切經音義引易謇難也方言作寋寋蹇蹇皆蹇之異文**九三往蹇來反**王云爲下卦之主是內之所恃**六四往蹇來連**連亦難也子雲用連蹇本此連音輦讀如字者非**九五大蹇朋來**朋來指諸爻當位而言二三四五爻皆當位故象云中節也**上六往蹇來碩吉利見大人**近附九五下得平剛可以出險故吉也

坎下震上

解利西南无所往其來復吉有攸往夙吉解者險難解釋物情舒緩之意太玄

擬之爲釋利西南者外卦在險外也象云往得衆者謂九四得上二陰也无所往其來復吉陽不上進而歸於二故曰仍得中乃讀爲仍也有攸往夙吉陽進甫入外卦即能有功是夙也

初六无咎初以柔與二剛接故象云剛柔之際也

九二田獲三狐得黃矢貞吉三狐三五上也黃矢四也黃矢即金矢以喻陽耳不取中義革初九非中亦言黃也

六三負且乘致寇至貞吝董仲舒云此言居君子之位而爲庶人之行者其患必至也貞吝言當之者吝也

九四解而拇朋至斯孚拇初也朋者二也至者至初也去初之陰以二之陽爲初則變而純震矣孚者合也謂兩陽相合也以不當位故欲得朋之助也

六五君子維有解吉有孚於小人易之君子小人皆以位言此言君子有解緩之惠而民信之矣象云小人退則不言位而言德矣疑非經指也維辭也

上六公用射隼于高墉之上獲之无不利上六處解之極故有成器而動之象隼者三也

䷨ 兌下艮上

損有孚元吉无咎可貞利有攸往曷之用二簋可用享象於損益

明以卦變爲說損益自泰否來也太玄擬損爲減擬益爲增則以陰陽消長言之足與彖相發損之有孚謂三孚於上初二孚四五也故元吉无咎可貞戒陰也利有攸往勸陽也曷之用二句設爲問答以盡意二簋可用享當損時至薄无害也

初九已事遄往无咎酌損之說文已作以事職也用吾職以往雖速可也酌挹取之也挹取已之剛而損之以益四也

九二利貞征凶弗損益之利貞征凶宜靜不宜動弗損益之以不損爲益也象云中以爲志志埻的也以中爲的故宜靜不宜動也

六三三人行則損一人一人行則得其友人者陽也三陽同行則損去九三之陽一陽上行則得其友陽以陰爲友六三爲上九之友也

六四損其疾使遄有喜无咎四以陰處陰而承乘皆陰故疾資於陽則疾損初九遄來則遄有喜也

六五或益之十朋之龜弗克違元吉九二以中爲的而不損已以益五五之十朋之龜上九益之也故象曰自上祐也貝二枚爲一朋

上九弗損益之无咎貞吉利有攸往得臣无家上九亦以不損爲益而象云大得志者以其得臣无家也得臣无家猶言公爾忘私也

☳☴震下巽上

益利有攸往利涉大川孟僖云雷以動之風以散之萬物皆益益之利涉大川孔疏云以益涉難理絕險阻是也

初九利用為大作元吉无咎益之初卽損之上損上云不損益之益初卽有不益損之之義故象云下不厚事不厚事不益事也不益事於下則可大有為於上矣

六二或益之十朋之龜弗克違永貞吉王用享于帝吉益二卽損五故同辭益之者初也象云自外來者初之陽自否四來亦以卦變言也王二也帝五也易之辭取于陽氣宣通故有享帝之象

六三益之用凶事无咎有孚中行告公用圭凶事者凶荒之政也古者王憂凶荒則遣使執圭以致命諸侯孚者符信也中行者王國之行人也

六四中行告公從利用為依遷國告從者天子遣使命公從遷也依讀左傳晉鄭焉依之依依保也遷國如盤庚之遷殷亦所以益下也

九五有孚惠心勿問元吉有孚惠我德心二也惠順也有孚而順二之心則二亦有孚而順五之德矣勿問者使皆遂其欲初不問諸其人也

上九莫益之或擊之立心勿恆凶勿恆疏云

勿猶无也。

䷪ 乾下兌上

夬。揚于王庭，孚號有厲，告自邑，不利卽戎，利有攸往。 夬有三義，決去一也，斷決二也，潰決三也。揚，越也。陰爻越其上，小人乘君子，罪惡上聞於王朝。孚號者，信其號令也。有厲者，小人在上，須常懷危厲，故曰危乃光也。告自邑，猶泰之自邑告命，邑把借字。告自邑，不利卽戎者，不當與陰爭勝。利有攸往者，利自長其陽德，陽長而陰乃終也。

初九，壯于前趾，往不勝為咎。 壯，傷也。歐公云：聖人之用剛，常深戒於其初也。李習之云：自古小人在上，最為難去。夬一陰在上，五陽幷進，決而去之，宜若易然，乃爻辭俱險，而肆其示戒深矣。

九二，惕號，莫夜有戎，勿恤。 惕號者，惕懼而號令之也。東坡云：惕號，莫夜警也。有戎勿恤，靜也，得中道矣。

九三，壯于頄，有凶。君子夬夬，獨行遇雨，若濡有慍，无咎。 三之頄，上也，為上所傷，故傷于權。夬夬，猶踽踽也。獨行者，一爻獨與陰應也。王介甫云：知時之未可，而不失其和，故曰若濡。若濡則有慍之者矣。和而不同，有夬夬之志焉，何咎之有。若濡者，然其和之至也。此爻之義，與陰爭勝，則傷於頄和於陰則終能決陰也九四臀无膚其行次且牽羊悔亡聞言不信四在上體之下故象臀體剛爲无膚遠于陰而不能決故次且不進兌羊之行常次且故勸之引而進當如牽羊然則悔亡矣而四乃聞言而不信所以深痛之也九五莧陸夬夬中行无咎莧陸獸名羊屬夬有兌兌爲羊也夬夬狀其兌也中行半塗也无咎者戒辭以五親與陰決唯恐其不勝也上六无號終有凶告以无號者衆所共棄非號咷所能延也

䷫ 巽下乾上

遘女壯勿用取女遘依鄭本唐石經同陰始生而云女壯者始雖微其漸必盛此履霜堅冰之義故象云不可與長也初六繫于金柅貞吉有攸往見凶羸豕孚蹢躅柅絡絲趺也金柅謂九二絲牽繫于柅故曰柔道牽也貞吉欲其定也有攸往見凶陰進則陽危也羸豕牝豕也孚嫗伏也蹢躅動也此戒陽也言陰雖始微然巳嫗伏孳孕蹢躅然動矣九二包有魚无咎不利賓苞苴裹魚者苞苴之魚已所獨據不及衆賓四陽皆遠乎初二近而有之不及衆也九三臀无膚其行次且

厲无大咎。遘三與夬四反對，故同辭。三在下體之上，故亦爲臀。夬陽決陰，故利進，以次且爲悔。遘陰消陽，陽去則陰益進矣，故次且爲无大咎也。象云「行未牽」者，承夬四「牽羊」爲文也。

九四：包无魚，起凶。四陽皆遠于初，獨四言包无魚者，四應于初，疑于有魚，故著之，而象釋之以爲遠也。

九五：以杞包瓜，含章，有隕自天。包，王讀爲匏。匏，施也。以杞包瓜，言杞爲瓜蔓所施也。以五蔭初，以杞包瓜也。剛遇中正，是含章也。然五居高而下柔弱，下柔則上隕，云自天者，非人之所爲也。說者解之多誤。

上九：遘其角，吝，无咎。王云：進而无遇，獨恨而已。以恨釋吝，於下无咎義可通矣。

䷬ 坤下兌上

萃：王假有廟，利見大人，亨，利貞。用大牲吉，利有攸往。萃有收聚、崇聚二義。萃下亨字，馬、鄭、陸、虞本并無，是也。王假有廟，假者，祭告之名。利見大人，古者大朝會行禮於廟也。用大牲，猶言用大利祿也。利貞者，方萃不可散也。利有攸往，既萃不可無事也。

初六：有孚不終，乃亂乃萃，若號，一握爲笑，勿恤，往无咎。初之孚，四也。此戒初當終事四，若曰親信于四而不終，乃亂汝之萃。

也萃之亂亂若呼號於下不過得四之一握手爲笑樂耳然此不足憂但往應之可无咎也六二引吉无
咎孚乃利用禴引進也進而應于五也禴祭之省也孚則薄祭亦利矣六三萃如嗟如
无攸利往无咎小吝嗟差之借字三與下二陰差次并萃故曰萃如差如三獨無應故无攸利然往
與上二陽合而成巽故无咎而象說之爲上巽也九四大吉无咎朱子云以陽居陰必大吉然後得无
咎也四志光而位不當五位當而志未光象互備之九五萃有位无咎匪孚元永貞悔
亡五於四陰有非其親信者是匪孚矣以其得乾九五之元陽則能萃衆故悔亡也元永貞者乾之九五至今未動也
上六齎咨涕洟无咎齎咨者悲怨之聲萃六爻皆无咎可見天地萬物之情喜聚也

䷭巽下坤上

升元亨用見大人勿恤南征吉升之名卦謂陽升也大玄擬之爲上爲干皆主陽爲說而
彖云柔以時升二陽上進故曰元亨而象釋爲大亨皆非本義大人九二也三以元陽開通而內見大人疑于不升然勿
憂也陽之志固南行矣南行進至外卦而位于五也勿恤下屬爲句象以上屬亦非初六允升大吉允說

文作㪨進也謂其與上二陽并進故曰上合志也

九二孚乃利用禴无咎。九二與萃二同辭皆以二五相應爲孚也

九三升虛邑。陽實陰虛三之上皆陰矣故曰虛邑猶云入無人之境也象云无所疑疑者閡礙也

六四王用亨于岐山吉无咎。王亨岐山者因名山升中于天之義也

六五貞吉升階。五之吉與二應也進則上窮故宜定也升階者陰自初至五中歷二陽故象歷階而升也

上六冥升利于不息之貞。冥升文王以自寄也言冥者升於上位吾之貞則利于不息也太玄于晦擬之云晦冥冥利於不明之貞其測曰晦冥在上不得獨明也此揚子以自寄也

䷮ 坎下兌上

困亨貞大人吉无咎有言不信。困之所以爲剛弇者太玄擬之爲窮云陰氣塞宇陽无其所是也困亨困而不失其所也貞大人吉貞卜問也言卜問者爲大人則吉也小人窮斯濫矣有言不信者困之亨非眾人所能喻也說苑載孔子說之云唯賢者獨知而難言之聖人所與人難言信也是其義矣

初六臀困于株木入于幽谷三歲不覿。臀在下體之上謂三也株木者二也幽谷初也陰自三位爲二所困

入于初也自初至三爲三歳也王注此爻隱者入于不明以自藏也

九二困于酒食朱紱方來利用亨祀征凶无咎

困於酒食者困於祿也乾鑿度云九二有大人之行將賜之朱紱朱紱大夫之服也其位在二故以大夫言之征凶困也无咎不失所也

六三困于石據于蒺藜入于其宮不見其妻凶

韓詩外傳云此困而不見據賢者也夫困而不知疾據賢人而不亡者未之有也

九四來徐徐困于金車吝有終

金車金輅也金車朝聘所用以困故其來徐徐然舒遲也徐徐翟作茶茶義同象云志在下者謂欲與初同隱也

九五劓刖困于赤紱乃徐有說利用祭祀

劓刖當依王陸作𪖱鼿說文又作剌䠉不安也赤紱諸侯也五在諸侯之位故曰困于赤紱乾鑿度云夫執中和順時變所以通至美也故曰乃徐有說也

上六困于葛藟于臲卼曰動悔有悔征吉

于臲卼于者大也曰者自怨艾之詞動變也有又也方變改其悔已而又悔也此其大臲卼之事也惟征則去而之吉矣

䷯巽下坎上

井改邑不改井无喪无得往來井井汔至亦未繘井羸其瓶凶。井法也太玄亦擬之爲法但易緐止取井象不取法義也井邑對文邑謂城郭井謂田野改邑者國家有廢興不改井者山河無古今也无喪无得言井之不變往來井井以下言用井之有得失也井井者往來人多而不亂及其至井未繘而羸其瓶則凶矣羸大玄作纍說文儡相敗也

初六井泥不食舊井无禽 禽疑當爲坙坙本易經之字說文坙食所遺也言井泥而人已不食至舊井而食所遺之水亦无之矣

九二井谷射鮒甕敝漏 射厭也井谷多鮒水不足食甕敝漏器不足用蓋兩失也兩失則莫之與矣

九三井渫不食爲我心惻可用汲王明並受其福 文王之演此爻其辭有感而其聲有哀焉讀之可以涕泣史公論屈原引此爻而申之曰王之不明豈足福哉得其意言之表矣史記渫作泄潛夫論云人君不開精誠以示賢忠賢忠亦無以得達說亦近是並之言普也

六四井甃无咎 四在兩陽之中兩陽象井壁故云甃也

九五井洌寒泉食 王輔嗣讀井洌寒泉句食一字句九五陽剛中正故象如此

上六井收勿幕有孚元吉 王注收成也四始甃井至上而成甫成故戒以勿幕也象亦以大成說之虞云幕蓋

也

䷰ 離下兌上

革已日乃孚元亨利貞悔亡太玄更首云陽氣既飛變埶易形物改其靈此觀象而得義也已日乃孚者革終而人乃信也讀戊己之已非卦辭未有言悔亡者唯革本有悔故必當而後悔亡元亨利貞革之所以當也革未至其時則不信故利貞貞者定也

初九鞏用黃牛之革

六二已日乃革之征吉无咎已日乃革之者弊極而後革也內卦兩陽皆取不革爲義唯六二宜革陰革則爲純乾故曰行有嘉也

九三征凶貞厲革言三就有孚革言猶詩之駕言言辭也三就三成也猶三重三帀也自初至三爲三就以革鞏之至三加固故曰又何之矣

九四悔亡有孚改命吉孚者驗也三有不宜革之驗故征凶四有宜革之驗故悔亡而改命吉象以信志釋孚非本義也改命猶云更令非革命之義

九五大人虎變未占有孚虎變豹變變辯通借即斑字故象曰文不取變革爲義未占有孚猶云不卦可知也

上六君子豹變小人革面征凶居貞吉面向也革面所謂回心向道也

三之征凶當革而時未可革者故貞厲上之征凶已革不可再革者也故居貞吉也

䷱ 巽下離上

鼎元吉亨 鼎之爲象者初象足中三陽象身五象耳上象鉉故曰象也程朱皆衍吉字據象云是以元亨知無吉字也

初六鼎顚趾利出否得妾以其子无咎 顚趾得妾朱子云因敗以爲功因賤以爲貴也雖顚趾而尚未有實利以出其否惡之積也

九二鼎有實我仇有疾不我能即吉 二以陽質處鼎之中故有實仇仇匹也謂五也有實不可復益故以不我即爲吉

九三鼎耳革其行塞雉膏不食方雨虧悔終吉 三與五相對爲兩耳鼎以耳行革讀爲棘棘稜廉也以剛爲耳稜廉而不受鉉故行塞也悔晦也虧讀爲惋惋變也言方雨而變晦也然雉膏終必見食故終吉

九四鼎折足覆公餗其形渥凶 初爲內足四爲外足陰偶陽奇鼎三足象三公也折足者任非其人也餗者美實焉云饘鄭云菜也饘即粥也其形渥諸本作刑剭是也漢書底剭字本此

六五鼎黃耳金鉉利貞 五爲耳居中故曰黃鉉扛鼎而舉之者謂上也六五視上九爲金鉉上九自視則爲玉鉉金以剛言

故曰中以爲實玉以爻剛位柔言故曰剛柔節也

上九鼎玉鉉大吉无不利

䷲ 震下 震上

震亨震來虩虩笑言啞啞震驚百里不喪匕鬯 震懼也震亨懼以成則是以亨震驚百里古者諸侯封不過百里象雷震百里所潤同也震驚百里不喪匕鬯言當大變而不驚烈風雷雨弗迷之義喪匕鬯猶後世云失箸耳後儒衍爲長子主器之說經無此義也

初九震來虩虩後笑言啞啞吉 初之繇與卦同卦之主也六三以下皆以震言懼初二皆曰震來王云威至而後乃懼故曰震來也

六二震來厲億喪貝躋于九陵勿逐七日得 七日以反對取象震之對爲艮自二起終震六爻益以艮之初二爲七日則陽來斯得貝也貝以喻陽也億噫同字辭之抑也躋于九陵變而成艮也

六三震蘇蘇震行无眚 蘇蘇不安兒居不當位故懼而不安以懼行之可免災矣

九四震遂泥 遂當依荀本作隊陰爲泥象四居四陰之中是隊泥也又以互體言之三四五爲坎四在坎中故曰泥

六五震往來厲億无喪有事 震往來懼以往來也雖危抑亦无喪於所有事以其得中也億抑也有辭也如

有民有居之有上六震索索視矍矍征凶震不于其躬于其鄰无咎婚媾有言索索心不安矍矍視不專鄰五也五乘剛可懼上則遠矣而猶懼焉故曰畏鄰戒也婚媾有言王云極懼相疑太玄擬震爲疑亦此義也

☶☶ 艮下艮上

艮其背不獲其身行其庭不見其人无咎艮爲止又爲堅重太玄擬艮爲止又爲堅方言艮堅也許鄭訓艮爲很象云上下敵應不相與是很也艮其背王云目无患也說文艮从目匕猶目相匕不相下也是艮者目相很視之義今很視其背無目相匕之患故云目无患也艮其背艮其限皆取很義不取止義不獲其身不獲很者之身也以相背故不獲其身吳澂以背爲北堂與庭對文亦通初六艮其趾无咎利永貞艮趾艮腓艮身艮輔皆爲止義獨三之艮其限與艮背同艮其趾无咎故利永貞也六二艮其腓不拯其隨其心不快隨當爲隋隋裂肉也三有裂夤之傷是隋也二以艮腓之故不能救之象云未退聽則三亦未背聽二也九三艮其限列其夤厲熏心說文艮很也易曰艮其限是許亦以此艮

爲很與他爻義異也很者違戾也上下違戾爲艮其限左右分裂爲列其夤限身上下際夤夾脊肉也熏當依荀作動言其危足使人心動也三之繇爲矯檠佚欲之義故爲危詞悚聽韓詩外傳說之以為防邪禁欲謂和心志者是也六四艮其身无咎王云中上稱身孔疏九三止於下體不與上交所以體分夤列四已入上體故能總其身蓋中上稱身者四之爻位而全卦皆止自趾腓及乎中上皆止矣則爲止其全身故象云止諸躬也 六五艮其輔言有序悔亡艮者止其所也口止其所則從容而不迫故言有序而悔亡也 上九敦艮吉敦艮之艮當訓爲堅也

䷴ 艮下巽上

漸女歸吉利貞漸以之前爲義剛得中故利貞定也 初六鴻漸于干小子厲有言无咎鴻鵠大鳥也說爲水鳥者非干澗也初象小子始進則厲而有言也 六二鴻漸于磐飲食衎衎吉磐當依史記作般山中般紆也飲食衎衎山中般紆之地足以養鳥也 九三鴻漸于陸夫征不復婦孕不育凶利禦寇高平曰陸三以陽止于艮之上是夫征不復也四與

之比而在兩體不相合也是婦乘不育也孕荀作乘是也讀爲乘居四處之乘利禦寇者羣陰所歸故曰順相保也**六四鴻漸于木或得其桷无咎**桷以喻木之細枝也木五也桷三也虞云四巳乘五顧又得三是也**九五鴻漸于陵婦三歲不孕終莫之勝吉**五之婦二也自二歷三四以一爻爲一歲故三歲不孕此孕荀不作乘終莫之勝者正應必合也**上九鴻漸于陸其羽可用爲儀吉**上九進極而退復歸于鹿去人逾近故其羽可得而用也陸之叶儀古音之展轉合韻者不可以近儒之分部拘也

䷵ 兌下震上

歸妹征凶无攸利歸妹之名卦以震兌二體爲象卦雖二名而以歸爲主故序卦云進必有歸而太玄擬之爲內云陰去其內而在乎外陽去其外而在乎內萬物之既皆不取妹義專主歸文也五行志雷以二月出其卦爲豫以八月入其卦爲歸妹言雷復歸入地則孕毓根荄保藏蟄蟲避盛陰之害此以卦氣言之故征凶无攸利也虞據卦變謂泰三之四不當位故征凶四之三失正無應以柔乘剛故无攸利亦可備一說**初九歸妹以娣跛**

能履征吉泰五與歸妹同辭明歸妹自泰來也五上二爻變則爲履故初二與履之二三詞亦相涉履三兌體兌爲毀折有跛眇之象此于兌體二陽爻析言之初在下爲足二在上爲目以皆陽也故取能視能履爲吉占也初在卦下娣之象也以讀之子歸不我以之以詩所云諸娣從之是也

九二眇能視利幽人之貞履二幽人貞吉此九二與之同故亦利幽人之貞卦以入藏避害爲義九二在內履中以陽承陰易進也故戒以幽人之貞也諸爻皆言歸妹此獨著幽貞之戒歸妹喻言也幽貞正言也易道廣大言豈一端而已

六三歸妹以須反歸以娣須嬃同楚人謂姊爲嬃歸妹以姊其位未當故反歸以娣娣初也反歸者反待年於父母之國也

九四歸妹愆期遲歸有時愆過也遲待也朱子云賢女不輕從人是也

六五帝乙歸妹其君之袂不如其娣之袂良月幾望吉帝乙湯也君女君也袂不如娣服不盛也月幾望者盛而未盈皆此爻之象也

上六女承筐无實士刲羊无血无攸利上六別立一義爲文居卦之窮卦之无攸利此爻當之陰虛故无實羊謂兌三爲兌主上以陰遇陰不能相克故无血也據左傳當先言士後言女經誤倒耳

䷶ 離下震上

豐亨王假之勿憂宜日中 豐兼大廓二義太玄擬之爲大又爲廓皆陽氣盛滿之意假與遐通履也言王履此豐亨之運也履豐亨之運有易衰之憂惟宜以至明處之也姚姬傳云文王言此其所以風商辛乎

初九遇其配主雖旬无咎往有尚 初之配主謂二也四之夷主謂五也夷常也四以五爲主乃其常也豐取明動動而前遇陰則能虛受故爲得其所主故往有尚四之象亦云行是其義也此爻陰陽相得雖盈无咎旬盈數也盈極則虧故曰過旬災也

六二豐其蔀日中見斗往得疑疾有孚發若吉 動而前遇陽陽實則蔽塞故二得疑疾三折右肱皆不利往也日蔽雲中爲蔀蔀蔽也疑生于不明故往得疑疾有孚謂初初以陽剛濟之故發若發若者形況之字謂啓發其疑也

九三豐其沛日中見沫折其右肱无咎 沛甚于蔀沫微于斗沛不明也沫星之小者漢書引此以日中見斗日中見沫皆爲日食之象

九四豐其蔀日中見斗遇其夷主吉

六五來章有慶譽吉 陰爻皆借助于陽二得初爲有孚五得四爲來章慶譽善譽也

上六豐其屋蔀其家闚其

戶闃其无人三歲不覿凶說文引此爻豐作豐豐大屋也蔀當依鄭薛作菩菩者小席豐屋蔀家猶云大其屋小其家耳闃其无人論衡云无賢人也

☶☲艮下離上

旅小亨旅貞吉旅之爲卦太玄擬之爲裝云陽氣雖大用事微陰據下裝而欲去是旅者陰入而陽將去有若寄寓故名旅也陰自下而上至五是爲小亨凡亨皆言陽此謂陰亨故云小也重言旅者上著卦名下斥占者言旅道可以小亨旅人占之則吉也所以吉者柔順乎剛止麗乎明因不失親也

初六旅瑣瑣斯其所取災斯其所三字爲句所與瑣韻斯離也瑣瑣小也見小故志窮也

六二旅即次懷其資得童僕貞即次懷資有懷璧越鄉之禮以得童僕而終无尤得童僕貞貞者心也國語不更厥貞大命其傾是其證九家以得童僕爲句貞一字爲句亦通

九三旅焚其次喪其童僕貞厲三近離火故象焚次以剛馭下故喪童僕貞

九四旅于處得其資斧我心不快資斧眾家本幷作齊斧齊利也與資同聲通借齊斧以喻威柄旅于處即處于旅倒文也處旅而得其威柄蓋位輕而權重故心未快

六

五射雉一矢亡終以譽命射雉一矢亡者乾變而爲離之象也陽爲矢五變爲陰是一矢亡雉文明離象易之取象大率如此可推知也初以譽命者終變成乾也譽命善名也

上九鳥焚其巢旅人先笑後號咷喪牛于易凶離爲飛鳥爲火在卦之上爲巢離爲牛陽將變則離體不見是牛喪也易音疆埸之埸與大壯同漢書云王者處民上如鳥之處巢也不顧恤百姓百姓畔而去之如鳥之自焚也雖先快意說笑其後必號咷而無及也百姓喪其君若牛亡其毛也故稱凶喪牛于易釋爲牛亡其毛亦異說也

䷸ 巽下巽上

巽小亨利有攸往利見大人巽入也太玄擬之爲翕翕亦入也翕首云陰來逆變陽往順化物咸降集故爲入小亨者陰爲卦主也利見大人王云大人用之道逾隆然則易之利見大人皆謂大人利此卦也

初六進退利武人之貞進退者欲入不入也武人剛也變爲剛則無疑矣貞占也

九二巽在牀下用史巫紛若吉无咎巽有制義巽在牀下者制在牀下也牀下以喻近也九家云上爲宗廟封賞出軍皆先告廟然後受行三軍之命將之所專故曰巽在牀下苟義略同牀廟中之物行禮所用史巫紛若皆廟

中所有事紛若者盛也謂禮儀之盛也

九三頻巽吝頻者頻數二爲將帥三爲號令號令頻數則不行故志窮也

六四悔亡田獲三品三品下三爻也承剛有悔入據下三爻則悔亡

九五貞吉悔亡无不利无初有終先庚三日後庚三日吉四爲外卦之初上則終也初陰終陽爲无初有終先庚三日才至于丁是爲无初後庚三日則至于癸是有終也

上九巽在牀下喪其資斧貞凶巽在牀下與二同辭荀及九家說爲告廟象云上窮者窮無所入而聽於神也喪其資斧失威柄也王莽傳亦以此爲將帥之占資漢書作齊

☱☱兌下兌上

兌亨利貞兌之亨利貞皆以二五言之三上皆陰陽氣上通故亨二五居中過中則比於柔故利貞定也

初九和兌吉六爻皆取朋友陽與陽朋陰與陰朋初和于二二孚于初象云行未疑者讀陰疑于陽之疑初去陰尙遠故曰未疑也

九二孚兌悔亡二之信志信初也信初則亡其比三之悔也此內卦二陽相友也

六三來兌凶來兌謂上來也

九四商兌未寧介疾有喜商隱度也商兌隱度以說

於五未寧者不自安於三也介大也能商兌而未寧則介疾爲之有喜也九五孚于剝有厲五當孚四又與上比故戒其孚於上也名上爲剝者陰消陽者也此外卦二陽宜相友而皆與陰鄰故四未寧而五有厲也上六引兌引兌三引之也此二陰之相友也

☵ 坎下
☴ 巽上

渙亨王假有廟利涉大川利貞渙散也離也又有文義太玄擬之以文呂覽又訓爲賢歐公云渙者流行通達之謂不專離散一義也王假有廟謂王告祭於廟梁武帝音賈得其義矣初六用拯馬壯吉拯讀爲承迎也承馬謂迎之以馬也明夷以三爲馬此以九二爲馬皆在前故曰迎也以陰迎陽故象皆云順也吉下據虞注當有悔亡字九二渙奔其机悔亡机即几字奔賁通借机謂初也物相雜曰文文飾其几足以據矣故曰得願也六三渙其躬无悔渙其躬渙者離也脫身避難之義六四渙其羣元吉渙有丘匪夷所思史黯說此爻云渙者賢也羣者衆也元者吉之始也渙其羣元吉者其佐多賢也丘衆也言既賢又衆非等夷所思及也此爻渙爲賢通之他爻則窒矣以此知古人說易不以一義滯

也

九五渙汗其大號渙王居无咎渙汗連綿字渙汗句其大號渙句此二句自爲韻渙盛也其大號渙謂大號之益也王居无咎與位稱也上九渙其血去逖出无咎虞讀渙一字句其血去逖出爲句是也逖當當作悐卽惕字血者恤也

䷻ 兌下坎上

節亨苦節不可貞節止也又有撙節節文節操節度諸義苦節者節而太過勢不可久故云不可貞也歐公云異衆以取名貴難而自刻者皆苦節也如鮑焦於陵仲子是矣初九不出戶庭无咎初二兩爻明進退之節易以陽在前爲塞陰在前爲通初之不出以九二在前故曰知通塞二則可出而不出故有失時之凶也九二不出門庭凶六三不節若則嗟若无咎嗟讀爲差不以節度制之則有差貳之失也六四安節亨安節者安於上之節度也九五甘節吉往有尚五上相對爲文甘節者有美操者也居貴位而有美操與位相得故曰居位中也上六苦節貞凶悔亡上之苦節與卦辭異蓋夷齊龍比之行也貞凶者謂所當者凶阨之時也以苦節當凶阨可以无悔矣儒者說之皆非也

☴ 兌下巽上

中孚豚魚吉利涉大川利貞中孚豚魚四字爲句象云信及豚魚亦四字連讀也其但舉豚魚吉者則緣已釋卦名故不更舉象彖多此例也荀云艮山豚所處兌澤魚所在豚者卑賤魚者幽隱當矣孚驗也言化邦之道可驗於豚魚也

初九虞吉有他不燕此卦亦兩爻相比爲義初之虞吉與二相應和爲驩虞也初二同德故云未變若上應四四陰則有他而不安矣

九二鳴鶴在陰其子和之我有好爵吾與爾靡之二之子和初和之也好小也爵飲器靡共也鶴鳴子和同聲相應也好爵與靡飲之食之中心好之也皆謂與初合德也

六三得敵或鼓或罷或泣或歌三四俱陰故稱得敵

六四月幾望馬匹亡无咎四之馬謂三也陰有馬象兩馬爲匹今去三而上承五爲亡其匹絕類而上故王注云棄羣類也

九五有孚攣如无咎攣如與上連也與小畜象同

上九翰音登于天貞凶上之貞凶居中孚之極將變爲小過小過飛鳥遺之音不宜上宜下正與此相反翰音謂鶴也鶴鳴九皐聲聞于天故云高音登于天也翰者高也高音登天而貞凶爲其不可長也與二之在陰有相和者異矣

艮下震上

小過亨利貞可小事不可大事飛鳥遺之音不宜上宜下大吉淮南子云人莫不有過而不欲其大也太玄擬大過爲失小過爲差是過兼過失過越二義飛鳥之象二陽在內上下四陰有似飛鳥舒翮也遺之音者假鳥言相託云不宜上飛唯宜下降如是則大吉矣

初六飛鳥以凶以與也飛鳥與之以凶此无妄之災故曰不可如何也

六二過其祖遇其妣不及其君遇其臣无咎祖者四也妣者五也君三也臣初也二五相應今過四陽而遇五陰是過祖而遇妣也三爲內卦之主今不及之而下與初比是不及其君遇其臣也

九三弗過防之從或戕之凶三四皆云弗過者言下二陰不能過越乎三以三爲之防也戕之謂上來戕三也從讀從而振德之之從

九四无咎弗過遇之往厲必戒勿用永貞上二陰之不能過越乎四以四與五相遇也遇之可也若往而比五則危必宜戒備也勿用者戒其有爲如乾初之言勿用也永貞者祈其久安如坤用六之言永貞也

六五密雲不雨自我西郊公弋取彼在穴陰氣上聚而不下施爲密雲不雨之象故云已

上詞同小畜以卦變也爻義不能有害于陽乃弋取在下之陰爲取彼在穴之象鳥在上則爲飛在下則爲穴密雲不雨不宜上也取彼在穴宜下也 **上六弗遇過之飛鳥離之凶是謂災眚** 上之弗遇不與陽遇也過之過乎陽也飛鳥離之有網羅之害也是謂災眚指而示之之詞也此過亢之咎也

䷾ 離下 坎上

既濟亨小利貞初吉終亂 太玄擬既濟爲成擬未濟爲將是濟有成義也既濟亨者陽通也小利貞者陰不宜更進也初吉者以陽剛始也終亂者以陰柔終也讀亨小絕句者殊非 **初九曳其輪濡其尾无咎** 濡尾者離爲牛也劉牧云世已畢濟初在其後志在濟而剛克不可爲咎 **六二婦喪其茀勿逐七日得** 婦二也茀者車蔽以喻陽也喪其茀者陽變而爲陰也七日得者終此卦至未濟之二則陽復矣 **九三高宗伐鬼方三年克之小人勿用** 殷道中興事同此爻故取譬焉乾鑿度述孔子云九月之時陽失正位盛德既衰而九三得正下陰能終其道濟成萬物猶殷道至高宗而中興也 **六四繻有衣袽終日戒** 繻當作襦袽說文作絮襦有衣袽者衣絮於襦中所以戒寒也 **九五東**

鄰殺牛不如西鄰之禴祭實受其福說苑釋之云蓋貴禮不貴牲也五爲坎主二爲離主離東鄰坎西鄰也以文王與紂說之者非是

上六濡其首厲上之濡首苟以必當復危說之最善復危則難又在前故象濡首也

䷿坎下離上

未濟亨小狐汔濟濡其尾无攸利易六十四變至既濟而剛柔皆得位大氐六十三卦皆求至既濟而定定可以止矣而不止者定則不變而窮受以未濟以著易道之不窮也未濟之亨以其有可濟之才也以陽言之謂二也剛在險中而上求四與上皆開通而無阻故曰亨也彖以柔得中爲言義似未盡取象小狐狐陰象也狐小前大後小狐前行幾濟而濡尾則大狐不濟矣故曰不續終也

初六濡其尾吝既濟濡尾牛也此則狐也狐獸之長尾者謂初也

九二曳其輪貞吉二之曳輪仍取離牛爲象既濟以離初在牛後爲輪未濟以坎二在離後爲輪也曳輪言其勞也易于既濟則戒之于未濟則勉之

六三未濟征凶利涉大川既云征凶又利涉大川義自違反疑征當爲貞位不當故貞凶而利涉也

九四貞吉悔亡震

用伐鬼方三年有賞于大國震用伐鬼方者文王自言伐昆夷之事也大國謂殷猶云京國京亦大也震與祗同敬也文王自言其事征伐之事故云敬也六五貞吉无悔君子之光有孚吉孚讀需有孚光之孚謂孚采也象釋爲暉暉即光之采也他陰多言柔此獨取離文明爲象言各有當也上九有孚于飲酒无咎濡其首有孚失是孚驗也有孚于飲酒者濟難之才可必之于燕逸時也難至而濡首則其失也亦可必矣是與之同失是失之也爻本无咎而爲失之辭以戒之也易卦以未濟終未濟之爻有得有失亦以未濟爲終也

大象向謂易傳皆非聖人之作惟大象教人以學易之方當爲孔子之文後觀艮象乃取論語所記曾子之言爲之則是亦出曾子之後也或云曾子舉此象以教人果爾則當著易曰二字豈得沒孔子之辭竟若己出者乎然則此篇亦非孔子所爲審矣○彖象等謂之傳見於漢書儒林傳王弼本乃有乾傳泰傳噬嗑傳咸傳豐傳之名今或題爲彖傳象傳則非是太玄以玄首玄測擬易彖易象蓋釋卦辭者即謂之彖釋卦象者即謂之象而班氏名此彖象爲傳耳今謂卦辭爲彖爻辭爲象因謂釋卦辭者爲彖傳釋爻辭者爲象傳是增立名字也如鄭本卦辭爻辭

并謂之彖則象傳復何屬乎至若繫辭文言序卦雜卦皆綴傳字尤爲無取矣太史談受易楊何而諄諄以正易傳爲意蓋孔子易傳爲後人所竄亂談其知之矣舊傳十翼之目蓋亦未審今別定之以爲大象彖小象繫辭三篇文言說卦雜卦序卦於義爲順云

天行健君子以自强不息行猶運也趙汝楳云集韻乾或作𨾏因譌爲健地勢坤君子以厚德載物勢力也坤厚載物此地力也雲雷屯君子以經綸歐公云居屯之世勿用有攸往者衆人也動乎險而經綸之大人君子也故曰利建侯山下出泉蒙君子以果行育德德之育也以果行育之山下出泉其就下也沛然莫禦是果也雲上於天需君子以飲食宴樂有險在前而飲食宴樂爲從容坐鎮之雅量斯君子之所貴也天與水違行訟君子以作事謀始天與水違行者荀云天自西轉水自東流也作事謀始則不至於爭矣地中有水師君子以容民畜衆地上有水比先王以建萬國親諸侯風行天上小畜君子以懿文德懿嫥久而美也謂不可以暴爲之也上天下澤

履君子以辯上下定民志天地交泰后以財成天地之道輔
相天地之宜以左右民王介甫云上下交始可修法度以左右民天地之宜輔相之而已其餘不
足過與不及也則裁成之天地不交否君子以儉德辟難不可榮以祿所謂
苟全性命不求聞達也榮當從虞本及婁壽碑作營營惑也言不可惑亂以祿位也天與火同人君子
以類族辨物懼其混同而淆亂故必有以辨異之也火在天上大有君子以遏
惡揚善順天休命此見聖人扶陽抑陰之指地中有山謙君子以裒多益
寡稱物平施大象每合內外兩卦以釋卦名乃舉隅之教如地中有山等類皆假象耳名卦取象之義初不
繫乎此也諸儒往往鑿求之不能盡通矣裒虞本作捊云捊取也雷出地奮豫先王以作樂
崇德殷薦之上帝以配祖考漢藝文志引作以享祖考疑配乃祀之誤澤中有雷
隨君子以嚮晦入宴息隨非美德故大象發宴息之義當眾詭隨之時君子不欲苟隨然晦矣而
不宴息固非隨時之義也山下有風蠱君子以振民育德澤上有地臨君

子以教思无窮，容保民无疆。取陽馭衆陰爲義。風行地上觀，先王以省方觀民設教。雷電噬嗑，先王以明罰勑法。雷電當依漢石經作電雷。山下有火賁，君子以明庶政，无敢折獄。蜀才明作命是也，命庶政者，列庶政而正其名，所謂文也。无敢折獄，獄不可以飾也。山附於地剝，上以厚下安宅。雷在地中復，先王以至日閉關，商旅不行，后不省方。至日，冬至之日也。兼二至言之者，非。白虎通云：至日陽氣微弱，故王者不復行役，扶助微氣，成萬物也。天下雷行，物與无妄，先王以茂對時育萬物。物與无妄，與，舉也，皆也。雷聲震驚，出於物之不意也。无妄災運，而云茂對時育萬物，與剝之厚下安宅同，皆反其卦以爲義也。茂者，勉也。對，當也。言當无妄之時，勉以育物爲事也。天在山中大畜，君子以多識前言往行，以畜其德。天在山中，亦假象，無意義。劉表本識作志。山下有雷頤，君子以慎言語，節飲食。澤滅木大過，君子以獨立不懼，遯世无悶。水洊至習坎，君子以常德行，習教事。習教事者，取象於水。

流之不息也與習坎之習無與洊郭注爾雅作荐明兩作離大人以繼明照于四方

山上有澤咸君子以虛受人虛受取以高下下以剛下柔之義雷風恆君子以立不易方立不易方恆德之固繇之所謂利貞也天下有山遯君子以遠小人不惡而嚴雷在天上大壯君子以非禮弗履明出地上晉君子以自昭明德昭鄭虞皆作照明入地中明夷君子以莅衆用晦而明用晦而明者由晦而明也風自火出家人君子以言有物而行有恆本上九爻義爲說也上火下澤睽君子以同而異王介甫云君子同乎道異者異乎時與勢也山上有水蹇君子以反身修德雷雨作解君子以赦過宥罪京本宥作尤山下有澤損君子以懲忿窒欲窒鄭劉作懫止也風雷益君子以見善則遷有過則改澤上于天夬君子以施祿及下居德則忌天下有風姤后以施命誥四方鄭王本誥作詰與呂刑以詰四方文

同遘家以遇爲義恐所遇有非則必詰之也澤上于地萃君子以除戎器戒不虞荀本除作慮義同地中生木升君子以順德積小以高大順王肅本作慎古字通澤无水困君子以致命遂志木上有水井君子以勞民勸相澤中有火革君子以治歷明時木上有火鼎君子以正位凝命洊雷震君子以恐懼修省千本洊作荐兼山艮君子以思不出其位山上有木漸君子以居賢德善俗居舉也澤上有雷歸妹君子以永終知敝永終者不息則久也知敝者窮則變也其義至廣非陰陽嗣續之一端也雷電皆至豐君子以折獄致刑山上有火旅君子以明慎用刑而不留獄明慎取離明不留取艮止明而止之惟刑獄爲宜也隨風巽君子以申命行事巽爲命令蓋取象於風重之故言申也麗澤兌君子以朋友講習取相說以解也風行水上渙先王以享于帝立廟澤上有水節君子以制數度

議德行澤上有風中孚君子以議獄緩死漢書易十一月君子以議獄緩死此大象以卦氣言易也諸儒以中孚之象求之宜其失矣山上有雷小過君子以行過乎恭喪過乎哀用過乎儉水在火上既濟君子以思患而豫防之荀云六爻既正必當復亂君子象之治不忘亂火在水上未濟君子以愼辨物居方

象　彖象連經始于王弼考國志高貴鄉公所談明云彖象不連經文蓋古本之舊也史記但言孔子序彖繫象說卦文言而無篇數漢志乃言孔氏爲之彖象繫辭文言序卦之屬十篇然但云孔氏不言孔子余謂史記所云繫象者今所云大象者也所謂說卦者今繫辭中所引諸爻是也然則易中孔子作者無幾其餘不盡孔子之文如繫辭文言稱引子曰尤其明證謂出自孔氏則可謂爲孔子所作則妄矣至於彖之名見於繫辭云彖者言乎象者也又云彖者材也又云爻彖以情言劉瓛注云彖斷也乾鑿度云陽七陰八爲彖鄭君云彖者爻之不變動者九六爻之變動者連山歸藏占彖周易占變是易以不動者爲彖不動故可以觀象可以論材其以爻彖并言者爻言其動彖

言其不動者也蓋七八爲彖九六爲爻矣易本有緣故孔子爲之彖辭揚子雲云孔子錯其象而彖其辭是也○自太史公楊子雲皆以彖爲孔子作矣然余疑有後人附益者其章解句釋有同小象異君子引而不發之指也乾坤二彖說元亨之義最爲閎深大有彖云應乎天而時行是以元亨鼎彖云柔進而上行得中應乎剛是以元亨皆言陰爻應陽爲乾元之亨與乾坤彖義相附蠱之元亨因先甲後甲而著天行之義亦與乾坤彖義合屯隨革皆言大亨則與乾坤之元乖違矣臨无妄升雖皆以剛中而應爲元亨之義而其詞仍曰大亨則猶未能愜洽也此釋元之失義者也張子云凡言亨皆陽也此最得易恉惟旅巽之亨據陰爲言故別其辭云小亨以別於他卦之亨而彖於小過之亨以爲小者過而亨於賁離亦主柔爻言亨非其義矣至如既濟經言小利貞而彖乃云小者亨也明與經不合後人至以亨小斷句尤失辭理此釋亨之失義者也乾之利貞云六位時成各正性命則貞之義當爲定猶坤用六之利永貞也既濟之解利貞云剛柔正而位當者以定爲義晉語釋屯繇云內有震雷故曰利貞雷主震動故利于定亦以定爲義也坤云利牝馬之貞則貞之義當爲占也後凡云利某之貞皆謂占也而諸卦之元亨利貞彖皆釋爲大亨以正同人之利君子貞釋爲君子正及大畜大壯萃漸之利貞所謂大正大者正聚以正漸以正者皆非

其義矣師之貞丈人吉鄭司農周禮注解爲問于丈人引國語貞于陽卜爲證足見漢代師讀不盡依彖例以恒之貞婦人吉困之貞大人吉則鄭讀爲長頤之貞吉與他卦貞吉同辭而彖以師貞頤貞爲句釋爲衆正養正殆亦誤解此釋貞義之失者也升之名卦以陽升爲詞太玄擬之爲上爲干上首云陽氣育物于下咸射地而登乎上干首云陽扶物而鑽乎堅鈴然有穿皆以陽升說之而彖乃曰柔以時升非柔危剛勝之義此又彖之失也五行分配八卦乃漢世營于巫祝之謬說聖人宜其弗道而益彖木道乃行果何說邪程子知其不安改木爲益然古本皆作木明非譌文此又彖之失也易之變動不居繫云上下无常剛柔相易可謂盡之矣必謂某卦自某卦來此曲說也以上諸事似皆顯而易明前儒無議及者歐陽公於繫辭文言皆嘗論定顧亦未嘗疑彖余故備列之意孔子所爲彖辭不過略舉數卦著大義而已不如是之好盡也

大哉乾元萬物資始乃統天。天地者元氣之所生故能統天御天爲萬物之祖故萬物資之以爲始也雲行雨施品物流形言乾元發揮徧被于六十四卦各使成象大明終始六位時成大明日也喻乾元之周流六爻時成是成也時乘六龍以御天此句申上文之義雲

雨日龍皆謂乾元也以上釋元亨以下至萬國咸寧皆釋利貞也

乾道變化乾道變化乾變而爲坤也獨陽不生與坤變化而後六十四卦各得其體是各正性命也

各正性命保合大和乃利貞各正性命以養成乾元故利貞定也大和即乾元也說文保養也國語注合成也雲行雨施品物流行乾元之布於六十四卦也各正性命保合太和六十四卦分陽分陰復還於乾元也

首出庶物萬國咸寧

至哉坤元萬物資生乃順承天坤厚載物德合无疆含弘光大品物咸亨牝馬地類行地无疆柔順利貞此釋利牝馬之貞也

君子攸行先迷失道後順得常此三句釋君子有攸往先迷後得主也主常皆職也

西南得朋乃與類行東北喪朋乃終有慶安貞之吉應地无疆

屯剛柔始交而難生前二卦剛柔各分至此始交也難生者屯之訓爲難也

動乎險中大亨貞雲雨之動滿形形从荀虞本虞云坤爲形坎水滿之今本作盈蓋誤字滿形猶乾之言流形也

天造草昧宜建侯而不寧造之言始也而鄭讀爲能安也猶柔遠能邇之義讀如字者非

蒙山下有險險而止蒙蒙亨以亨行時中也王注以亨行爲句時中也三字爲句程傳依之匪我求童蒙童蒙求我志應也初筮告以剛中也再三瀆瀆則不告瀆蒙也瀆蒙也者若曰其瀆也乃其蒙也告之而猶蒙故不告也解者失其句讀以瀆蒙連文非是蒙以養正聖功也蒙以養正者以養蒙之道養正也是育德之事也故曰聖功

需須也險在前也剛健而不陷其義不困窮矣需有孚光亨貞吉位乎天位以正中也利涉大川往有功也

訟上剛下險險而健訟訟有孚窒惕中吉剛來而得中也終凶訟不可成也利見大人尚中正也不利涉大川入于淵也

師眾也貞正也能以眾正可以王矣彖以師貞爲句而鄭眾陸德明均以貞丈人爲句歐公亦以正於丈人說之不從彖也剛中而應行險而順以此毒天下而民從之馬云毒治也崔憬說爲亭毒天下皆得其義吉又何咎矣

比吉也比輔也比吉也與漸之進也一例有詠歎意下順從也原筮元永貞无咎以剛中也不寧方來上下應也後夫凶其道窮也

小畜柔得位而上下應之曰小畜健而巽剛中而志行乃亨密雲不雨尚往也尚上也謂雨澤不下降也自我西郊施未行也

履柔履剛也說而應乎乾是以履虎尾不咥人亨剛中正履帝位而不疚光明也爻繇但以卦變著其居位之危彖則論其才德特申不疚之義補卦爻所未及

泰小往大來吉亨則是天地交而萬物通也上下交而其志同也內陽而外陰內健而外順內君子而外小人君子道長小人道消也

否之匪人不利君子貞大往小來則是天地不交而萬物不通也上下不交而天下无邦也內陰而外陽內柔而外剛內

小人而外君子。小人道長，君子道消也。

同人，柔得位得中而應乎乾，曰同人。同人曰（同人曰，引繫辭也，謂爲衍文，非是。）同人于野，亨，利涉大川，乾行也。（涉險之德，在乎剛健，以卦中有乾，故因以立義。）文明以健，中正而應，君子正也。（以，與也。二爲文明，五爲健，此二爻中正相應也。利君子之占，而釋爲君子正，蓋失之矣。）唯君子爲能通天下之志。

大有，柔得尊位大中，而上下應之，曰大有。其德剛健而文明，應乎天而時行，是以元亨。

謙亨，天道下濟而光明，地道卑而上行，天道虧盈而益謙，地道變盈而流謙，鬼神害盈而福謙，人道惡盈而好謙，謙尊而光。（王引之曰：尊，撙也。劉晝論未有謙尊而不光，是其證。）卑而不可踰，君子之終也。

豫，剛應而志行，順以動，豫。豫順以動，故天地如之，而況建侯

行師乎天地以順動故日月不過而四時不忒聖人以順動則刑罰淸而民服豫之時義大矣哉

隨剛來而下柔動而說隨大亨貞无咎而天下隨之隨之時義大矣哉

蠱剛上而柔下巽而止蠱蠱元亨而天下治也利涉大川往有事也先甲三日後甲三日終則有始有又也天行也

臨剛浸而長說而順剛中而應大亨以正天之道也至于八月有凶消不久也消不久者言八月旋至矣戒詞也

大觀在上順而巽中正以觀天下觀盥而不薦有孚顒若下觀而化也觀天之神道而四時不忒聖人以神道設教而天下服矣

頤中有物曰噬嗑噬嗑而亨剛柔分動而明雷電合而章柔得中而上行雖不當位利用獄也

賁亨柔來而文剛故亨分剛上而文柔故小利有攸往天文也天文也上當依郭京增剛柔交錯四字文明以止人文也觀乎天文以察時變觀乎人文以化成天下

剝剝也柔變剛也不利有攸往小人長也順而止之觀象也謂觀卦象而得順止之義虞妄以剝觀成剝說之非是君子尚消息盈虛天行也

復亨剛反復之義爲反也動而以順行是以出入无疾朋來无咎反復其道七日來復天行也利有攸往剛長也復其見天地之心乎歐公云天地之心見乎動一陽初動於下天地所以生育萬物者本乎此故曰見天地之心天地以生物爲心也

无妄剛自外來而爲主於內動而健剛中而應大亨以正天之命也其匪正有眚不利有攸往无妄之往何之矣天命不祐行矣哉馬作一句讀言天不助其行也

大畜剛健篤實輝光日新其德王弼讀日新其德絕句是上已言德不當更言其德也剛上而尚賢能止健虞作健止是大正也不家食吉養賢也利涉大川應乎天也

頤貞吉養正則吉也觀頤觀其所養也自求口食觀其自養也繇但言觀頤自求口食彖乃分爲二此推衍之詞非本恉也天地養萬物聖人養賢以及萬民頤之時大矣哉

大過大者過也棟橈本末弱也剛過而中巽而說行利有攸往乃亨大過之時大矣哉

習坎重險也水流而不盈行險而不失其信維心亨乃以剛中也行有尙往有功也天險不可升也地險山川丘陵也王公設險以守其國險之時用大矣哉

離麗也日月麗乎天百穀草木麗乎土重明以麗乎正乃化成天下柔麗乎中正故亨是以畜牝牛吉也文義未順柔麗乎中正故亨七字當在離麗也之下麗乎土當依王肅本作地

咸感也柔上而剛下二氣感應以相與也止而說男下女是以亨利貞取女吉也天地感而萬物化生聖人感人心而天下和平觀其所感而天地萬物之情可見矣

恒久也剛上而柔下雷風相與巽而動剛柔皆應恒恒亨无咎利貞久于其道也天地之道恒久而不已也利有攸往終

則有始也日月得天而能久照四時變化而能久成聖人久于其道而天下化成觀其所恒而天地萬物之情可見矣觀其所恆恆讀爲緪即亙字也

遯亨遯而亨也剛當位而應與時行也此彖義至精剛當位而應雖主九五一爻爲言其義則猶云素位而行也應者道與時應謂時當遯而遯也程子以未必於退藏說之非是小利貞浸而長也小利貞浸而長者見陰之浸長而戒之以貞定勿更長也陽宜遯而遯陰不可更長此所謂遯之時義也遯之時義大矣哉

大壯大者壯也剛以動故壯大壯利貞大者正也正大而天地之情可見矣

晉進也明出地上順而麗乎大明柔進而上行是以康侯用錫馬蕃庶晝日三接也

明入地中明夷內文明而外柔順以蒙大難文王以之利艱貞晦其明也內難而能正其志箕子以之以鄭荀向作似義可兩通

家人女正位乎內男正位乎外男女正天地之大義也家人有嚴君焉父母之謂也父父子子兄兄弟弟夫夫婦婦而家道正正家而天下定矣

睽火動而上澤動而下二女同居其志不同行說而麗乎明柔進而上行得中而應乎剛是以小事吉天地睽而其事同也男女睽而其志通也萬物睽而其事類也睽之時用大矣哉

蹇難也險在前也見險而能止知矣哉蹇利西南往得中也不利東北其道窮也利見大人往有功也當位貞吉以正邦

也荀云五當尊位羣陰順從故能正邦國也疏謂諸爻皆當位非是正邦自專指五不指諸爻諸爻當位乃五之所云朋來者耳蹇之時用大矣哉

解險以動動而免乎險解解利西南往得衆也其來復吉乃得中也有攸往夙吉往有功也天地解而雷雨作雷雨作而百果草木皆甲坼坼當依馬陸作宅皮解爲甲根解爲宅解之時大矣哉

損損下益上其道上行損而有孚元吉无咎可貞利有攸往曷之用二簋可用享二簋應有時應者答也用非其時則神不答也損剛益柔有時損益盈虛與時偕行損益皆言與時偕行當其可之謂時也歸熙甫云才有損益已非常道時所以用中也

益損上益下民說无疆自上下下其道大光利有攸往中正有慶利涉大川木道乃行易之言利涉大川者以喻涉險而已需之彖曰往有功蠱之彖曰往

有事事亦功也皆言涉險而往有所事也同人曰乾行大畜曰應乎天者以涉險之德在乎剛健二卦皆有乾因以立義也若訟之云入于淵者因坎立義也益曰木道乃行渙曰乘木有功中孚曰乘木舟虛則皆因巽立義也說益巧益乖大義易之言固不若是纖也而益之言木道尤啟後人荒怪之說非孔門之法言矣

益動而巽日進无疆天施地生其益无方凡益之道與時偕行

夬決也剛決柔也健而說決而和揚于王庭柔乘五剛也孚號有厲其危乃光也告自邑不利即戎所尚乃窮也利有攸往剛長乃終也陽長而陰乃終也

遘遇也柔遇剛也勿用取女不可與長也天地相遇品物咸章也剛遇中正天下大行也遘之時義大矣哉司馬溫公云世之治亂人之窮通事之成敗遇不遇而已矣

萃聚也順以說剛中而應故聚也王假有廟致孝亨也利見

大人亨（亨下當依舉正補利貞二字）聚以正也用大牲吉利有攸往順天命也觀其所聚而天地萬物之情可見矣

柔以時升巽而順剛中而應是以大亨用見大人勿恤有慶也南征吉志行也

困剛揜也險以說困而不失其所亨（所字絕句亨一字句）其唯君子乎貞大人吉以剛中也有言不信尚口乃窮也

巽乎水而上水井井養而不窮也改邑不改井乃以剛中也汔至亦未繘井未有功也羸其瓶是以凶也

革水火相息（馬訓息爲滅程朱皆兼生息言之是也漢藝文志譬猶水火相滅亦相生也）二女同居其志不相得曰革已日乃孚革而信之文明以說大亨以正革而當其悔乃亡天地革而四時成湯武革命順乎天而

應乎人革之時大矣哉

鼎象也以木巽火亨飪也說文引作孰飪亨者孰之壞字聖人亨以享上帝而大亨以養聖賢巽而耳目聰明離爲目兼及耳者耳目同物聰明同事也柔進而上行得中而應乎剛是以元亨

震亨震來虩虩恐致福也笑言啞啞後有則也爾雅則常也猶云後得主而有常也震驚百里驚遠而懼邇也出可以守宗廟社稷以爲祭主也句上當補不喪匕鬯四字觀王注及干寶注皆有歐公說同

艮止也時止則止時行則行動靜不失其時其道光明艮其止此止乃背之誤止其所也上下敵應不相與也是以不獲其身行其庭不見其人无咎也

漸之進也女歸吉也言漸之進所以別於晉之進也進得位往有功也進以

正可以正邦也其位剛得中也止而巽動不窮也
歸妹天地之大義也天地不交而萬物不興歸妹人之終始也女之終婦之始說以動所歸妹也當依釋文一本作所以歸妹虞翻王弼皆誤奪征凶位不當也无攸利柔乘剛也

豐大也明以動故豐故豐當依林栗蔡杭作故亨王假之尚大也尚大言未衰也勿憂宜日中宜照天下也日中則昃月盈則食天地盈虛與時消息而況於人乎況於鬼神乎

旅小亨柔得中乎外而順乎剛止而麗乎明是以小亨旅貞吉也旅之時義大矣哉王云物失其居咸願有附智者有爲之時

重巽以申命剛巽乎中正而志行柔皆順乎剛以柔皆順剛釋小亨以剛巽乎中正而志行釋利往利見巽踐也是以小亨利有攸往利見大人

兌說也剛中而柔外說以利貞是以順乎天而應乎人說以先民民忘其勞說以犯難民忘其死說之大民勸矣哉

渙亨剛來而不窮柔得位乎外而上同王假有廟王乃在中也利涉大川乘木有功也

節亨剛柔分而剛得中苦節不可貞其道窮也說以行險當位以節中正以通天地節而四時成節以制度不傷財不害民

中孚柔在內而剛得中說而巽孚乃化邦也豚魚吉信及豚魚也利涉大川乘木舟虛也中孚以利貞乃應乎天也

小過小者過而亨也過以利貞與時行也柔得中是以小事吉也剛失位而不中是以不可大事也有飛鳥之象焉飛鳥

遺之音不宜上宜下大吉上逆而下順也

旣濟亨小者亨也以亨爲小與繇異義利貞剛柔正而位當也初吉柔得中也終止則亂其道窮也終止猶云終竟也

未濟亨柔得中也小狐汔濟未出中也以六五言也陰爲狐三陰五最在前未出水中故爲未濟若至上則出中矣濡其尾无攸利不續終也說在繇詞雖不當位剛柔應也

小象小象之篇在古不知其何名鄭君尚以爻辭爲彖則於說爻辭者不名爲小象明甚而虞翻屢引其辭稱爲象曰則似舊有象名要之此篇爲續彖而作不欲與彖相亂而附於彖篇之後鄭氏尚名之爲彖至王弼取以附經乃始名之爲小象也然戴記深衣已引坤六二小象之文爲易則其來久矣今學者因繫辭往往爻彖并舉乃欲改名爲爻傳不知繫云爻效天下之動彖則其不動者爻象并言象亦謂其不動者非謂卦辭爻辭之辨也小象雖續彖辭旣不得仍名爲彖彖者言乎其象彖象二者可以互受通稱與其妄改爻傳之名不如仍稱小象之爲得也

小象乃經生之文章解句釋。歐陽公後之賢達。其易童子問。尙略疏一卦大義。而不屑屑於章句。今若以爲孔子作。曾謂孔子顧歐陽氏之不若哉。然小象雖續彖。其諸卦貞字。尙未如彖之專主正字爲訓。蓋彖之爲後人附益者。又在小象之後。小象不敢自同於彖。而附益彖辭者。乃妄以私意羼入孔子文中。是其得失之辨也。

潛龍勿用。陽在下也。見龍在田。德施普也。終日乾乾。反復道也。此以陽動釋乾。乾。惟健故動而不息。終則又始。故云反復道也。道者行也。或躍在淵。進无咎也。飛龍在天。大人聚也。聚字依二劉校。乾諸爻皆大人也。文言燥溼龍虎。正發明大人聚之事。或謂聚字不韻者非是。亢龍有悔。盈不可久也。用九。天德不可爲首也。

初六。履霜陰始凝也。馴致其道。至堅冰也。六二之動。直以方也。不習无不利。地道光也。光廣通。凡言光光大皆廣大也。地道廣者。陰爻多也。此說經大不習之義。含章可貞。以時發也。或從王事。知光大也。知光大釋无成有終。而但繫或從王事。省文也。小象多此例。括囊无咎。愼不害也。黃裳元吉。文在中也。龍戰于野其道窮也。謂陽道將勝而陰道負也。用六永貞以大終也。

雖磐桓志行正也以貴下賤大得民也六二之難乘剛也十年乃字反常也即鹿无虞以從禽也。當依蔡邕石經以上有何字。君子舍之往吝窮也。君子舍之往吝為句窮也為句讀者多失之。求而往明也屯其膏施未光也泣血漣如何可長也。

利用刑人以正法也子克家剛柔接也。但釋克家一事餘二事可以推知。勿用取女行不順也困蒙之吝獨遠實也。吳云泰象以實韻願亂疑古人此字有兩音以其从貫得聲故又與順巽願亂為韻。童蒙之吉順以巽也。巽者入也少成若性故易入云巽者變而從上則成巽也。利用禦寇上下順也。上下順釋其所以能擊也。

需于郊不犯難行也利用恒无咎未失常也需于沙衍在中也。衍者行之借字行在中道故為需沙也。雖小有言以吉終也需于泥災在外

也自我致寇敬愼不敗也需于血順以聽也入險出險一聽於命數之自然

酒食貞吉以中正也不速之客敬之終吉雖不當位未大失

也此先舉爻辭而以二語協韻視他象爲變例王念孫於吉下增也字非是

不永所事訟不可長也雖小有言其辯明也不克訟歸逋竄

也自下訟上患至掇也掇借爲輟輟止也患至而止仍釋不克而逋之義食舊德從

上吉也從上吉者釋或從王事之文非釋食舊德也復卽命渝安貞不失也訟元

吉以中正也以訟受服亦不足敬也敬讀爲矜不足矜故三褫之也

師出以律失律凶也在師中吉承天寵也王三錫命懷萬邦

也懷萬邦者羣陰歸附之象也師或輿尸大无功也左次无咎未失常也

長子帥師以中行也弟子輿尸使不當也大君有命以正功

也小人勿用必亂邦也

比之初六有他吉也比之自內不自失也比之匪人不亦傷乎外比于賢以從上也顯比之吉位正中也舍逆取順失前禽也邑人不誡上使中也上使中者民心罔中唯爾之中也比之无首无所終也

復自道其義吉也牽復在中亦不自失也夫妻反目不能正室也有孚惕出上合志也有孚攣如不獨富也旣雨旣處德積載也君子征凶有所疑也上三句皆引經文有所疑也一句釋上三句疑謂陰將疑于陽也

素履之往獨行願也幽人貞吉中不自亂也中不自亂者王介甫云無異言屈身之患也眇能視不足以有明也跛能履不足以與行也咥人之凶位不當也武人爲于大君志剛也愬愬終吉志行也夬

履貞厲位正當也元吉在上大有慶也

拔茅征吉志在外也包荒得尚于中行以光大也无往不復天地際也天地際以喻盛衰之際也翩翩不富皆失實也不戒以孚中心願也以祉元吉中以行願也城復于隍其命亂也

拔茅貞吉志在君也大人否亨不亂羣也包羞位不當也有命无咎志行也志行者天命去咎是得行其志之時也大人之吉位正當也否終則傾何可長也何可長者否極必泰也

出門同人又誰咎也同人于宗吝道也伏戎于莽敵剛也伏莽爲二二而云敵剛主二二爲文也三歲不興安行也安行猶言何往也乘其墉義弗克也其吉則困而反則也同人之先以中直也大師相遇言相克也同人于郊志未得也

大有初九无交害也（言此交之時交害者尚未至也在交害未至之時而戒以交害之爲咎此爻與象互相發也）大車以載積中不敗也公用亨于天子小人害也（害者何也言小人于爻義何與也）匪其彭无咎明辨晳也厥孚交如信以發志也威如之吉易而无備也（不私于物唯行簡易无所防備物自畏之）大有上吉自天祐也

謙謙君子卑以自牧也（自牧自治也）鳴謙貞吉中心得也勞謙君子萬民服也无不利撝謙不違則也利用侵伐征不服也鳴謙志未得也可用行師征邑國也

初六鳴豫志窮凶也不終日貞吉以中正也（俞琰云當作正中）盱豫有悔位不當也由豫大有得志大行也六五貞疾乘剛也恒不死中未亡也冥豫在上何可長也

官有渝從正吉也出門交有功不失也三四皆有失初兼得二陰故云不失也
係小子弗兼與也係丈夫志舍下也隨有獲其義凶也有孚
在道明功也明功者謂明之功釋經所云明也孚于嘉吉位正中也拘係之
上窮也
幹父之蠱意承考也幹母之蠱得中道也幹父之蠱終无咎
也裕父之蠱往未得也幹父用譽承以德也不事王侯志可
則也
咸臨貞吉志行正也咸臨吉无不利未順命也甘臨位不當
也既憂之咎不長也至臨无咎位當也大君之宜行中之謂
也敦臨之吉志在內也
初六童觀小人道也闚觀女貞亦可醜也觀我生進退未失

道也觀國之光尚賓也觀我生觀民也觀其生志未平也

屨校滅趾不行也當依釋文作止不行也言所以止之使不行也噬膚滅鼻乘剛也

遇毒位不當也利艱貞吉未光也貞厲无咎得當也何校滅耳聰不明也廣雅聰聽也

舍車而徒義弗乘也賁其須與上興也永貞之吉終莫之陵也衆陰不能陵陽初上不能陵中爻也六四當位疑也匪寇婚媾終无尤也六五之吉有喜也白賁无咎上得志也

剝牀以辨未有與也剝之无咎失上下也剝牀以膚切近災也以宮人寵終無尤也君子得輿民所載也小人剝廬終不可用也

不遠之復以修身也休復之吉以下仁也頻復之厲義无咎

也。凡言義无咎者，義皆讀爲宜也。中行獨復，以從道也。敦復无悔，中以自考也。迷復之凶，反君道也。

无妄之往，得志也。不耕穫，未富也。富，福也。言往不得福也。但舉不耕穫三字，其詞未終，小象之恒例也。行人得牛，邑人災也。可貞无咎，固有之也。无妄之藥，不可試也。无妄之行，窮之災也。

有厲利已，不犯災也。輿說輹，中无尤也。利有攸往，上合志也。上謂上九。六四元吉，有喜也。六五之吉，有慶也。何天之衢，道大行也。

觀我朶頤，亦不足貴也。六二征凶，行失類也。十年勿用，道大悖也。顛頤之吉，上施光也。居貞之吉，順以從上也。由頤厲吉，大有慶也。

藉用白茅柔在下也老夫女妻過以相與也棟橈之凶不可以有輔也棟隆之吉不橈乎下也枯楊生華何可久也老婦士夫亦可醜也過涉之凶不可咎也

習坎入坎失道凶也求小得未出中也來之坎坎終无功也樽酒簋貳（朱子依釋文衍貳字當從之）剛柔際也坎不盈中未大也（中未大虞及孔疏皆云未光大集解作中未光大是也）上六失道凶三歲也

履錯之敬以辟咎也黃離元吉得中道也日昃之離何可久也突如其來如无所容也六五之吉離王公也王用出征以正邦也獲匪其醜大有功也（此八字依王肅本增）

咸其拇志在外也雖凶居吉順不害也（愼順通）咸其股亦不處也志在隨人所執下也貞吉悔亡未感害也憧憧往來未光

大也咸其脢志末也咸其輔頰舌滕口說也滕當依鄭虞作媵浚恒之凶始求深也九二悔亡能久中也不恒其德无所容也久非其位安得禽也婦人貞吉從一而終也夫子制義從婦凶也振恒在上大无功也

遯尾之厲不往何災也執用黃牛固志也係遯之厲有疾憊也畜臣妾吉不可大事也君子好遯小人否也嘉遯貞吉以正志也飛遯无不利无所疑也

壯于趾其孚窮也九二貞吉以中也小人用壯君子罔也藩決不羸尚往也借尚爲上但釋藩決不羸其傷于車輹已見繇詞故不更釋喪羊于易位不當也不能退不能遂不詳也艱則吉咎不長也咎不長者知其必變也

晉如摧如獨行正也裕无咎未受命也受茲介福以中正也衆允之志上行也鼫鼠貞厲位不當也失得勿恤往有慶也維用伐邑道未光也

君子于行義不食也六二之吉順以則也南狩之志乃大得也入於左腹獲心意也箕子之貞明不可息也初登於天照四國也後入於地失則也失則謂失常也則常也

閑有家志未變也六二之吉順以巽也家人嗃嗃未失也婦子嘻嘻失家節也富家大吉順在位也王假有家交相愛也威如之吉反身之謂也

見惡人以辟咎也見惡人无咎但舉見惡人三字其詞未終象多此例若曰見惡人所以无咎者以其能辟咎也遇主于巷未失道也見輿曳位不當也无初有終遇剛

也。交孚无咎，志行也。厥宗噬膚，往有慶也。遇雨之吉，羣疑亡也。

往蹇來譽，宜待也。（待當依張本作時。時卽待也。）王臣蹇蹇，終无尤也。往蹇來反，內喜之也。往蹇來連，當位實也。（實，塞也。言四雖當位，而爲三五所塞也。）大蹇朋來，以中節也。（中讀去聲。）往蹇來碩，志在內也。利見大人，以從貴也。

剛柔之際，義无咎也。（義，宜也。）九二貞吉，得中道也。負且乘，亦可醜也。自我致戎，又誰咎也。解而拇，未當位也。君子有解，小人退也。公用射隼，以解悖也。

已事遄往，尙合志也。（尙，上通。上謂四也。）九二利貞，中以爲志也。一人行，三則疑也。（疑讀賈誼疏遠方能疑者之疑，謂僭儗也。）損其疾，亦可喜也。六五元

吉自上祐也弗損益之大得志也

元吉无咎下不厚事也或益之自外來也益用凶事固有之也程子云固有之者專固自任其事也告公從以益志也以此輔益其遷國之志故曰益志有孚惠心勿問之矣惠我德大得志也莫益之偏辭也偏孟易作偏言衆皆無益之者也或擊之自外來也上處外之極而云自外來者以本卦爲內之卦爲外也上變爲屯有乘馬班如泣血漣如之象是自外來也

不勝而往咎也有戎勿恤得中道也君子夬夬終无咎也其行次且位不當也聞言不信聰不明也中行无咎中未光也陽尚在半塗故未光蓋必剛長而終乃光耳无號之凶終不可長也

繫于金柅柔道牽也包有魚義不及賓也其行次且行未牽也无魚之凶遠民也九五含章中正也有隕自天志不舍命

也天命之美雖隕不舍也 遘其角上窮吝也

乃亂乃萃其志亂也志亂者謂初欲舍正應而從五也 引吉无咎中未變也中未變者爲其孚也變則不能孚也 往无咎上巽也大吉无咎位不當也萃有位志未光也齎咨涕洟未安上也

允升大吉上合志也九二之孚有喜也升虛邑无所疑也王用亨于岐山順事也順愼通愼事謂祭祀也 貞吉升階大得志也冥升在上消不富也富者福也言時當消陽陽不福矣然而貞不可息也

入于幽谷幽不明也困于酒食中有慶也據于蒺藜乘剛也入于其宮不見其妻不祥也來徐徐志在下也雖不當位有與也劓刖志未得也乃徐有說以中直也利用祭祀受福也困于葛藟未當也動悔有悔吉行也吉字屬上讀行也二字句動悔有悔而吉者以

其行也

井泥不食下也舊井无禽時舍也井谷射鮒无與也井渫不食行惻也求王明受福也井甃无咎修井也寒泉之食中正也元吉在上大成也

鞏用黃牛不可以有為也已日革之行有嘉也革言三就又何之矣改命之吉信志也大人虎變其文炳也炳字失韻錢大昕云炳為彪之借字說文彪虎文彪也說文著讀若威威與君同音則蔚與君協說文作斐者蔚之異文斐與分聲近故亦與君協也君子豹變其文蔚也小人革面順以從君也

鼎顛趾未悖也利出否以從貴也鼎有實慎所之也慎所之者不往求益也我仇有疾終无尤也鼎耳革失其義也義宜也謂失其受鉉之宜也覆公餗信如何也信如何者託為旁之料事者之辭若曰今竟如何耳鼎黃耳中以為

實也（言五之中以上之九爲實也）玉鉉在上剛柔節也

震來虩虩恐致福也笑言啞啞後有則也震來厲乘剛也震蘇蘇位不當也震遂泥未光也震往來厲危行也其事在中大无喪也（大无喪猶云甚无喪也）震索索中未得也雖凶无咎畏鄰戒也

艮其趾未失正也不拯其隨未退聽也艮其限危熏心也艮其身止諸躬也艮其輔以中正也（朱子衍正字是）敦艮之吉以厚終也

小子之厲義无咎也飲食衎衎不素飽也（素空也猶言素餐）夫征不復離羣醜也婦孕不育失其道也利用禦寇順相保也或得其桷順以巽也終莫之勝吉得所願也其羽可用爲儀吉不

可亂也

歸妹以娣以恒也恒謂敵媵之常也孟京本無以字但云恒也尤得理跛能履吉相承也吉字下屬吉相承者與二皆陽故相承而吉也利幽人之貞未變常也未變其幽貞之常也

歸妹以須未當也愆期之志有待而行也帝乙歸妹不如其娣之袂良也其位在中以貴行也此先舉爻辭而以二語釋之視他象爲變例爻辭下有也字與需上亦異上六无實承虛筐也

雖旬无咎過旬災也有孚發若信以發志也豐其沛不可大事也折其右肱終不可用也豐其蔀位不當也日中見斗幽不明也遇其夷主吉行也吉字上屬行也二字句六五之吉有慶也豐其屋天際翔也孟云天降下惡祥也蓋古本作際祥而孟說際爲降也闚其戶闃其无人自戕也諸家本皆作自戕藏字乃輔嗣孤本不足據

旅瑣瑣志窮災也得童僕貞終无尤也旅焚其次亦以傷矣以旅與下其義喪也方言與操也在客旅而操切童僕故曰以旅與下也義宜也旅于處未得位也得其資斧心未快也終以譽命上逮也上逮者謂上之陽逮及之也以旅在上其義焚也喪牛之凶依釋文改終莫之聞也王念孫云聞恤問也

進退志疑也利武人之貞志治也紛若之吉得中也頻巽之吝志窮也田獲三品有功也九五之吉位正中也巽在牀下上窮也喪其資斧正乎凶也正乎凶者王引之云廣雅正當也

和兌之吉行未疑也孚兌之吉信志也來兌之凶位不當也九四之喜有慶也孚于剝位正當也謂五位近上正與剝相直也上六引兌未光也光讀爲廣卦有四陽不相悅而獨引於三是未廣也易中光字多訓廣者

初六之吉順也渙奔其机得願也渙其躬志在外也渙其羣元吉光大也王居无咎正位也渙其血遠害也程傳謂血下脫去字是也象文雖增減無定而此無去字文勢殊未安知誤脫矣

不出戶庭知通塞也不出門庭凶失時極也不節之嗟又誰咎也安節之亨承上道也甘節之吉居位中也苦節貞凶其道窮也

初九虞吉志未變也其子和之中心願也或鼓或罷位不當也馬匹亡絶類上也有孚孿如位正當也翰音登于天何可長也

飛鳥以凶不可如何也不及其君臣不可過也過者失也言不可失之也從或戕之凶如何也弗過遇之位不當也往厲必戒終不可

長也。君子之於小人可暫過而不可長相與也。密雲不雨已上也弗遇過之已亢也。已上已亢已之言過也。

曳其輪義无咎也七日得以中道也。更行七日復得居中也。三年克之憊也。以盛天子伐小蠻夷三年而後克故云憊。終日戒有所疑也東鄰殺牛不如西鄰之時也實受其福吉大來也濡其首厲何可久也。

濡其尾亦不知極也。二卦文義相承韻亦相屬極興久協朱子云考上下韻不叶者非小象如損益二卦通用一韻无妄大畜韻亦相屬皆與此同例。

九二貞吉中以行正也未濟征凶位不當也貞吉悔亡志行也。志行者得行其興衰之志也王注伐鬼方爲興衰之征是也。君子之光其暉吉也飲酒濡首亦不知節也。節止也言燕逸不止至於難至而不濟也。

周易大義卷一

周易大義卷二

桐城吳先生原本　　男闓生恭錄

繫辭上　歐公云，古之學經者皆有大傳，今書禮之傳尚存，此所謂繫辭者，漢初之易大傳也，謂之易大傳則優於書禮之傳遠矣，謂之聖人之作，則僭僞之書也，今案太玄擬易，其所以擬易繫者，乃有數篇，疑易繫本有數篇，後人分爲上下者，乃分卷非分篇，不得以卷數爲篇數，上繫節爻復爲傳寫所亂，今將大衍至定之以吉凶所以斷也，分出別爲一篇，而以釋大有上九者續解六三之後，其下書不盡言言不盡意，即承所釋諸爻以起後爻變通神明之說，則文從字順，而前文論議亦有要歸矣，大衍一篇，專明卜筮，前後均無此意，入之篇中，鉏鋙不合，又其辭頗近陋，如所云象兩象三象閏象四時當朞當萬物之說，皆漢人迂論，其稱易之至精至變至神，與夫深者幾者，皆就卜筮見之耳，此何當於本隱以之顯者之萬一哉，兩儀四象以生八卦，是謂卦由蓍生，與下繫仰觀俯察始畫八卦之辭不合，而聖人則圖書之說，人爲儒者所訴病，尤者至謂崇高莫大乎富貴，此鄙俗人之言也，上繫別出此文，自爲一篇，而前後文共爲一篇，其辭義皆精好矣，

天尊地卑乾坤定矣卑高以陳貴賤位矣動靜有常剛柔斷矣方以類聚物以羣分吉凶生矣在天成象在地成形變化見矣東坡云天地一物也陰陽一氣也或爲象或爲形所在之不同也故云在者明其一也王介甫云此言易未作以前自然之易雖未有乾坤之卦而乾坤已定以下言自然之八卦是故剛柔相摩八卦相盪此八卦謂乾坤自有之象非謂易之八卦鼓之以雷霆潤之以風雨日月運行一寒一暑乾道成男坤道成女乾知大始坤作成物乾知大始謂乾之知所以爲泰始也坤作成物坤之能所以成物也作卽能也乾之所以爲知者易也坤之所以爲能者簡也以知屬乾者疏云初始无形未有營作故但云知也乾以易知坤以簡能易則易知簡則易從易知則有親易從則有功有親則可久有功則可大可久則賢人之德可大則賢人之業易簡而天下之理得矣天下之理得而成位乎其中矣天下之理當作天地之理馬王本成位上有易字是也此上言造化

自然之易。而易則易知以下。就人事以推論易簡之效。明君子學造化之道也。聖人設卦觀象繫辭焉而明吉凶。剛柔相推而生變化。是故吉凶者失得之象也。悔吝者憂虞之象也。變化者進退之象也。剛柔者晝夜之象也。六爻之動。三極之道也。三極者。鄭韓云。三才。是也。此上言聖人設卦繫辭。此下言學者觀變玩占之要也。是故君子所居而安者易之序也。陸績云。序象也。所樂而玩者爻之辭也。是故君子居則觀其象而玩其辭。動則觀其變而玩其占。是以自天祐之吉无不利。此上十字衍文。彖者言乎象者也。爻者言乎變者也。吉凶者言乎其失得也。上吉凶失得觀象之事。此玩辭之事。故不嫌其複。悔吝者言乎其小疵也。无咎者善補過也。是故列貴賤者存乎位。齊小大者存乎卦。卦者筮也。小大謂所筮之事如云小貞大貞也。下卦有小大義同。齊者中也。謂折中也。辯吉凶者存乎辭。憂悔吝者存乎介。悔吝者介乎吉凶之閒也震无咎者存乎悔震者振也无咎者救過不暇嫌於不振能悔則有振作之勢矣是故卦有小大辭有險易辭也者各指其所之自起至各指其所之爲第一章

言聖人觀造物而作易以爲人用也易與天地準故能彌綸天地之道仰以觀於天文俯以察於地理是故知幽明之故原始反終鄭虞反作及

故知死生之說精氣爲物游魂爲變是故知鬼神之情狀此數句上皆言易下皆言天地原始反終卽所謂原始要終以爲質者也精氣遊魂亦謂易道鄭云精氣爲七八遊魂爲九六者殆是也幽明者天文地理也易能仰觀俯察故學之而知幽明死生者始終也易能原始要終故學之而知死生鬼神者精氣遊魂之物變也易之七八不變而九六變者同之故學之而知鬼神鬼神之情狀聖人所不言歐公云質之夫子平生之語知非聖人之言也

與天地相似故不違知周乎萬物而道濟天下故不過旁行而不流流當依京氏作留言陰陽之氣普行於六十四卦而不留滯也樂天知命故不憂安土敦乎仁故能愛安土喻其順乎時位敦仁以喻陰陽之相生息範

圍天地之化而不過曲成萬物而不遺通乎晝夜之道而知故神无方而易无體神謂天地此以上皆言易道之準天地一陰一陽以下言神无方顯諸仁以下言易无體一陰一陽之謂道繼之者善也成之者性也仁者見之謂之仁知者見之謂之知百姓日用而不知故君子之道鮮矣釋文訓鮮爲盡是也顯諸仁藏諸用鼓萬物而不與聖人同憂盛德大業至矣哉此皆說易理憂阨也聖人吉凶與民同患會有阨時易則示人趨吉避凶之道而不與其阨也示人吉凶所以憂人故曰顯諸仁无有遠近幽深遂知來物是藏諸用此皆言易之所爲无體也富有之謂大業日新之謂盛德生生之謂易成象之謂乾效法之謂坤極數知來之謂占通變之謂事陰陽不測之謂神此神謂易道之神也上神易對言則神爲天地此渾言之則卽神卽易夫易廣矣大矣以言乎遠則不禦以言乎邇則靜而正以言乎天地之閒則備矣夫乾其靜也

專。專讀爲團。與直對文。其動也直。是以大生焉。夫坤其靜也翕。其動也闢。是以廣生焉。大生廣生。生者出也。言天之大出于專直。地之廣出于翕闢也。東坡云。專直生大。翕闢生廣。是矣。廣大配天地。變通配四時。陰陽之義配日月。易簡之善配至德。至德。天地易簡之德也。此終與天地準之義。以下舉子言以證明之。子曰。易其至矣乎。夫易。聖人所以崇德而廣業也。知崇禮卑。崇效天。卑法地。以上自易與天地準至卑法地。爲第二章。言易準天地而要歸于易簡之德業。以申前章易簡得天地之理之說。天地設位而易行乎其中矣。成性存存。道義之門。此成性承上成之者性而立文。存存。存在也。言所成之性常在。卽道義之門。至嘖至動由此出也。聖人有以見天下之嘖。而擬諸其形容。象其物宜。是故謂之象。小爾雅。嘖。深也。物宜。物事也。聖人有以見天下之動。而觀其會通。以行其典禮。典禮謂時之所用也。繫辭焉以斷其吉凶。是故謂之爻。象爻承前彖言象爻言變爲文。以不動者爲彖。以動者爲爻也。言天下之至嘖而不可惡也。惡讀為啞。說文：啞，相毀也。荀本作亞。惡啞亞同聲通借。嘖者易招人毀，猶動者之易亂也。言天下之至動而不可亂也。擬之而後言，議之而後動，擬議以成其變化。議當依陸績等作儀。儀，法也。擬其至嘖者以爲象，法其至動者以爲爻。爻言其變，故云動也。下引夫子所論八爻，以明易辭所爲擬議變化之大恉。鳴鶴在陰，其子和之。我有好爵，吾與爾靡之。子曰：君子居其室，出其言善，則千里之外應之，況其邇者乎？居其室，出其言不善，則千里之外違之，況其邇者乎？言出乎身，加乎民；行發乎邇，見乎遠。言行，君子之樞機。王引之云：廣雅：機，柒也。與梱同。樞所以利轉，梱所以止扉。樞機之發，榮辱之主也。言行，君子之所以動天地也，可不愼乎？同人先號咷而後笑。子曰：君子之道，或出或處，或默或語。二人同心，其利斷金；同心之言，其臭如蘭。初六，藉用白茅，无咎。子曰：苟錯諸地而可矣，藉之用茅何咎之有愼之至也夫茅之爲物薄而用可重也愼斯術也以往其无所失矣勞謙君子有終吉子曰勞而不伐有功而不德德鄭本作置說苑義同謂君不舍有功也厚之至也語以其功下人者也德言盛禮言恭謙也者致恭以存其位者也亢龍有悔子曰貴而无位高而无民賢人在下位而无輔是以動而有悔也不出戶庭无咎子曰亂之所生也則言語以爲階君不密則失臣臣不密則失身幾事不密則害成是以君子愼密而不出也子曰作易者其知盜乎易曰負且乘致寇至負也者小人之事也乘也者君子之器也小人而乘君子之器盜思奪之矣上慢下暴盜思伐之矣慢藏誨盜冶容誨淫易曰負且乘致寇至盜之招也此下舊接大衍之數五十至所以斷也今別爲一篇列後而以

自天祐之節與上七爻相屬易曰自天祐之吉无不利子曰祐者助也天之所助者順也人之所助者信也履信思乎順又以尚賢也是以自天祐之吉无不利也易言鶴鳴子和其象類至廣夫子卽言行動天地以證明之其說同人則但發同義不爲先號後笑作疏解也藉用白茅則闡明辭義矣勞謙有終則先釋勞謙後復廣明謙德至說不出戶庭則與說鶴鳴子和同例卽愼密以證其義也負乘致寇從寇立文大有上九易辭但著天祐之吉而未明言其故夫子乃發明爻有三德諸所論說不主故常不惟示學人讀易之方并足爲後人說經之凡例亢悔之說文言及上繫并引其文尤足證易傳所稱子曰確爲孔子之言而文言上繫則決非一人之手也○易曰自天祐之上自大衍至所以亂也別爲一篇傳寫羼亂今別出之則此與上七爻相屬矣此下書不盡言卽承上論說八爻而言之子曰書不盡言言不盡意然則聖人之意其不可見乎子曰聖人立象以盡意設卦以盡情僞繫辭焉以盡其言變而通之以盡利鼓之舞之以盡神朱子云兩子曰宜衍其一非也書不盡言二語孔子之言然則聖人之意其不可見

乎此傳者述孔子之言而以發難也子曰以下五句則又引孔子之言以解之也變通盡利謂變占也鼓舞盡神則言易之書能使人興起是其所爲神也乾坤其易之緼邪緼淵奧也乾坤成列而易立乎其中矣乾坤毀則无以見易易不可見則乾坤或幾乎息矣王介甫云此言自有天地與天地相無窮是故形而上者謂之道形而下者謂之器化而裁之謂之變推而行之謂之通舉而措之天下之民謂之事業王介甫云此言聖人用易致治是故夫象聖人有以見天下之賾而擬諸其形容象其物宜是故謂之象聖人有以見天下之動而觀其會通以行其典禮繫辭焉以斷其吉凶是故謂之爻極天下之賾者存乎卦鼓天下之動者存乎辭化而裁之存乎變推而行之存乎通神而明之存乎其人默而成之不言而信存乎德行化而裁之謂之變推而行之謂之通易本有之變通也化而裁之存乎變推而

行之存乎通學易者之變通也舉措于事業所謂本隱以之顯也存乎其人存乎德行則示人學易之方也○自天地設位至末爲第三章明易之至賾至動而終之以學易之事也

大衍之數五十大音泰衍卽蓍策之名五十謂蓍策五十也其用四十有九分而爲二以象兩掛一以象三揲之以四以象四時歸奇於扐以象閏扐者指事之字馬云指閒是也大玄范望注并之於兩手指閒故謂之芀五歲再閏故再扐而後掛天一地二天三地四天五地六天七地八天九地十天一至十本在易有聖人之道四焉之上依漢志當在此其云天數地數猶言陰數陽數也借天地以况奇耦不以此數分屬天地創爲天生地成者後人穿鑿之說也天數五地數五五位相得而各有合此文終于地十故數以十乘漢律歷志云以天地五位之合終于十者乘之也天數二十有五地數三十凡天地之數五十有五此所以成變化而行鬼神也此因大衍之數遂并及天地之數以起下朱子移易其文未是歸熙甫云大衍之數五十便是法天地五十有五如三百

六十五日。止言三百六十。不規規也。乾之策二百一十有六。坤之策百四十有四。凡三百有六十。當期之日。二篇之策萬有一千五百二十。當萬物之數也。是故四營而成易。十有八變而成卦。八卦而小成。引而伸之。觸類而長之。天下之能事畢矣。顯道神德行。是故可與酬酢。可與祐神矣。顯道。闡幽也。神德行。微顯也。神即天地之神。酬酢以喻其占事也。子曰。知變化之道者。其知神之所爲乎。知變化之道。知易也。知神之所爲。知天也。此結上之詞。以爲起下者非。

易有聖人之道四焉。以言者尚其辭。以動者尚其變。以制器者尚其象。以卜筮者尚其占。此篇專論蓍。其稱聖人四道。以占爲主。其云至精至變至神。亦專以占言之。結言此謂四道。謂有此深幾至神。而後知尚占之足配辭變象而爲四道也。是以君子將有爲也。將有行也。問焉而以言。其受命也如嚮。无有遠近幽深。遂知來物。非天下之至精。其孰能與于此。

參伍以變錯綜其數通其變遂成天地之文極其數遂定天下之象非天下之至變其孰能與于此易无思也无爲也寂然不動感而遂通天下之故非天下之至神其孰能與于此夫易聖人之所以極深而研幾也唯深也故能通天下之志唯幾也故能成天下之務唯神也故不疾而速不行而至子曰易有聖人之道四焉者此之謂也子曰夫易何爲者也夫易開物成務冒天下之道如斯而已者也是故聖人以通天下之志以定天下之業以斷天下之疑是故蓍之德圓而神卦之德方以知六爻之義易以貢（貢荀作功爾雅功成也作貢者假借字）聖人以此洗心退藏於密（洗心卽齋戒退藏於密者神明其德也）吉凶與民同患（此雖蓍卦并言而專主論蓍事之未定不知其吉凶故患之蓍之爲用患民之患故示以吉凶此謂與民同患）神以知

來知以藏往其孰能與於此哉古之聰明睿知神武而不殺者夫此句非結上之詞乃貫下爲文此謂始作著之聖人故云是興神物以前民用也神物謂著也是以明於天之道而察於民之故是興神物以前民用是實也言聖人實始作著也聖人以此齋戒以神明其德夫是故闔戶謂之坤闢戶謂之乾一闔一闢謂之變往來不窮謂之通見乃謂之象形乃謂之器制而用之謂之法利用出入民咸用之謂之神是故易有太極是生兩儀太極太一也太一即一也太者尊之之詞質而言之即一分爲兩耳太極兩儀皆主易言之不謂元氣天地亦不謂理與氣也兩儀生四象四象生八卦八卦定吉凶吉凶生大業是故法象莫大乎天地變通莫大乎四時縣象著明莫大乎日月崇高莫大乎富貴崇高莫大乎富貴非聖言所宜有蓋經生之陋說也備物致用立成器以爲天下利漢紀引立下有象字莫大乎聖人

探嘖索隱鉤深致遠以定天下之吉凶成天下之亹亹者莫大乎蓍龜釋文大作善是故天生神物聖人則之天地變化聖人效之天垂象見吉凶聖人象之河出圖洛出書聖人則之易有四象所以示也繫辭焉所以告也定之以吉凶所以斷也大衍以下至此別爲一篇專論揲蓍之事與前後不屬今雜於第一篇所引夫子論八爻之間使七爻在此篇前而餘大有上九一爻入此篇後遂錯亂不可讀今別出之蓋歐陽公所譏於繫辭者此篇尤多別爲一篇亦以解釋餘二篇之瑕纇也

繫辭下

八卦成列象在其中矣因而重之爻在其中矣八卦成而六十四卦已具故曰象在其中象謂六十四卦之象重卦成而九六之用已具故曰爻在其中爻謂九六也剛柔相推變在其中矣變以卦畫言故曰剛柔相推此卽九六之推移也繫辭焉而命之命孟作明命明

也動在其中矣動謂人之動虞云鼓天下之動者存乎辭是也吉凶悔吝者生乎動者也剛柔者立本者也變通者趣時者也剛柔承象爻言變通承變動言吉凶者貞勝者也貞定也吉凶定於所勝天下之動定於一也貞觀貞明義同天地之道貞觀者也日月之道貞明者也天下之動貞夫一者也夫乾確然示人易矣夫坤隤然示人簡矣隤孟作退陸董姚作妥義同爻也者效此者也象也者像此者也爻象動乎內吉凶見乎外功業見乎變聖人之情見乎辭天地之大德曰生聖人之大寶曰位何以守位曰仁仁人通用何以聚人曰財理財正辭禁民為非曰義此論爻位生生之謂易故以大德曰生引起位以喻爻位守位之人即謂陰陽之爻聚人之財即謂一卦之象故曰象者材也財乃材之借字理財正辭者順其卦之材而正其卦之名也禁民為非則扶陽抑陰進君子退小人之義也○以上為第一章古者包犧氏之王天下也仰則觀象於天俯則觀法

於地觀鳥獸之文與地之宜近取諸身遠取諸物於是始作八卦以通神明之德以類萬物之情作結繩而爲罔罟（王懷祖刪此作字）以佃以漁蓋取諸離包犧氏沒神農氏作斲木爲耜揉木爲耒耒耨之利以教天下蓋取諸益日中爲市致天下之民聚天下之貨交易而退各得其所蓋取諸噬嗑神農氏沒黃帝堯舜氏作通其變使民不倦神而化之使民宜之易窮則變變則通通則久是以自天祐之吉无不利（此十字涉上繫大有爻詞而衍）黃帝堯舜垂衣裳而天下治蓋取諸乾坤刳木爲舟剡木爲楫舟楫之利以濟不通致遠以利天下（上六字涉下引重致遠以利天下而衍一本无者是）蓋取諸渙服牛乘馬引重致遠以利天下蓋取諸隨重門擊柝以待暴客蓋取諸豫斷木爲杵掘地爲臼臼杵之

利萬民以濟蓋取諸小過弦木爲弧剡木爲矢弧矢之利以威天下蓋取諸睽上古穴居而野處後世聖人易之以宮室上棟下宇以待風雨蓋取諸大壯古之葬者厚衣之以薪葬之中野不封不樹喪期无數後世聖人易之以棺槨蓋取諸大過荀虞說易以大過爲死卦故棺槨取此象上古結繩而治後世聖人易之以書契百官以治萬民以察蓋取諸夬孔疏神農之時已取諸益噬嗑則言文王重卦不攻自破張子云易言制作之意止取義與象非必見卦而後始有爲也王介甫云取離益之類當時未有是卦蓋八卦成列象在其中矣蓋取云者夫子知前聖之心而言之也是故易者象也象也者像也彖者材也爻也者效天下之動者也是故吉凶生而悔吝著也陽卦多陰陰卦多陽其故何也陽卦奇陰卦偶其德行何也陽一君而二民君子之道也陰二君而一民小人之道也易

曰憧憧往來朋從爾思（此下十一爻引夫子遺說發明效天下之動之指舉此十一爻而餘卦皆可推知朋從者以況來感者之多且雜也韓注思以求朋失其義矣）子曰天下何思何慮天下同歸而殊塗一致而百慮天下何思何慮日往則月來月往則日來日月相推而明生焉寒往則暑來暑往則寒來寒暑相推而歲成焉往者屈也來者信也屈信相感而利生焉尺蠖之屈以求信也龍蛇之蟄以存身也精義入神以致用也利用安身以崇德也（此數語論學之恉非精義安身不能致用崇德非致用崇德不能窮神知化也利用安身猶利用禦寇之例）過此以往未之或知也窮神知化德之盛也（易言憧憧往來夫子論及神化易言射隼高墉夫子論及藏器待時此皆因貧富論切磋因後素論禮後之類孔門讀書之大歸也）易曰困于石據于蒺蔾入于其宮不見其妻凶子曰非所困而困焉名必辱非所據而據焉身必危既辱且危死期

將至妻其可得見邪易曰公用射隼于高墉之上獲之无不利子曰隼者禽也弓矢者器也射之者人也君子藏器于身待時而動何不利之有動而不括是以出而有獲語成器而動者也子曰小人不恥不仁不畏不義不見利不勸不威不懲說苑引作不威小不懲大此脫小大二字小懲而大誡此小人之福也易曰屨校滅趾无咎此之謂也善不積不足以成名惡不積不足以滅身小人以小善爲无益而弗爲也以小惡爲无傷而弗去也故惡積而不可掩罪大而不可解易曰何校滅耳凶子曰危者安其位者也亡者保其存者也亂者有其治者也是故君子安而不忘危存而不忘亡治而不忘亂是以身安而國家可保也易曰其亡其亡繫于苞桑子曰德薄而位尊知小

而謀大力小而任重。唐石經作力少小乃少誤鮮不及矣易曰鼎折足覆公餗其形渥凶言不勝其任也子曰知幾其神乎君子上交不諂下交不瀆其知幾乎幾者動之微吉凶之先見者也吉下凶字依諸本補君子見幾而作不俟終日易曰介于石不終日貞吉介如石焉寧用終日斷可識矣君子知微知彰知柔知剛萬夫之望子曰顏氏之子其殆庶幾乎有不善未嘗不知知之未嘗復行也易曰不遠復无祇悔元吉天地絪縕萬物化醇男女搆精萬物化生易曰三人行則損一人一人行則得其友言致一也子曰君子安其身而後動易其心而後語定其交而後求君子脩此三者故全也危以動則民不與也懼以語則民不應也懼讀懼然顧化之懼即瞿字無守之貌又不審也无交而求則民不與也。上纂與之與此取與之與莫之與則傷之者至矣易曰莫益之或擊之立心勿恒凶。此上自古者庖犧至立心勿恒凶爲第二章子曰乾坤其易之門邪乾陽物也坤陰物也陰陽合德而剛柔有體以體天地之撰。撰讀異乎三子者之撰之撰以通神明之德其稱名也雜而不越。謂六十四卦之名也於稽其類其衰世之意邪。如屯蒙否訟剝遂明夷睽蹇損困革旅未濟等是也夫易彰往而察來而微顯闡幽開而當名辨物正言斷辭則備矣其稱名也小。以下始言易之繇辭其取類也大其旨遠其辭文其言曲而中其事肆而隱因貳以濟民行。貳業也業謂所占之事一說貳讀爲貳變也以明失得之報易之興也其於中古乎作易者其有憂患乎是故履德之基也謙德之柄也復德之本也。復者各反其所始故爲德之本恒德之固也損德之修也。脩當依馬作循循者逡循退避之義論語足蹜蹜如有循與此同也

益德之裕也困德之辨也辨貶也井德之地也巽德之制也巽从
二卩故有制義巽為命令令亦从卩○三陳九卦承上稱名
稽類為文第一節論九卦之德第二節論九卦之材第三節
論聖人用九卦以處憂患之道履和而至至下也謙尊而光尊讀為撙復小而辨于
物辨偏也陽始復雖小而後可長而偏於六爻也物謂爻等也恆雜而不厭雜帀也終則又始是為帀
而不厭損先難而後易益長裕而不設設讀為翕翕盛也困窮而通井
居其所而遷巽稱而隱稱揚也揚之而愈隱所謂權也履以和行行者道也和行與制
禮對文謙以制禮復以自知以改過言之恆以一德損以遠害益以
興利困以寡怨井以辨義大小多寡所施各當也巽以行權易之為書
也不可遠為道也屢遷變動不居周流六虛上下无常剛柔
相易不可為典要唯變所適其出入以度外內使知懼以上承因
貳以濟民行為文而以為書不可遠二語起之出者之卦也
入者本卦也外者悔也內者貞也度謂占法易以戒懼為本

故使知懼也又明于憂患與故无有師保如臨父母初率其辭而
揆其方既有典常苟非其人道不虛行以上承上名小類大旨遠詞文為言而以
苟非其人二語結之初與既相對為文率者順也揆睽之借字率其辭而揆其方者逞其辭之所極而不可方物也及考
其要終皆有法則故曰既有典常也易之為書也原始要終以為質也始終即承上初
既為文此下分論六爻六爻相雜唯其時物也其初難知其上易知本
末也初者數之始擬議其端故難知上者卦之終事皆成著故易知也初辭擬之卒成之終
若夫雜物撰德雜集也撰定也辨是與非則非其中爻不備中爻謂中四爻
噫亦要存亡吉凶則居可知矣噫亦即抑亦也要會也居舉也知者觀其彖
辭則思過半矣彖辭鄭云爻辭也王肅云彖舉象之要也一云即夫子彖辭今案後說為是彖辭謂夫子
之彖辭也夫子之彖不釋卦繇又未必卦皆有彖不過時時解說一二使人推知其餘而已故曰觀其彖辭思過半也今
之卦有一彖者後人所續非盡孔子之舊也二與四同功而異位其善不同二多

譽。四多懼。近也。柔之爲道。不利遠者。其要无咎。其用柔中也。三與五同功而異位。三多凶。五多功。貴賤之等也。其柔危。其剛勝邪。此剛柔皆論爻位。不論卦畫。柔危剛勝者。三雖剛爲二四兩柔所危。五居剛中。所以能勝。言剛柔之位。皆以中爲貴也。

易之爲書也。廣大悉備。有天道焉。有人道焉。有地道焉。兼三才而兩之。故六。六者非他也。三才之道也。承上論六爻而申明之。

道有變動。故曰爻。爻有等。故曰物。物。物類也。言爻有陰陽貴賤等級。以象萬物之類。故謂之物也。物相雜。故曰文。文不當。故吉凶生焉。不當謂爻不當位。

易之興也。其當殷之末世。周之盛德邪。當文王與紂之事邪。云邪者。疑而不敢遽定之詞。若衆知其爲文王之書。則不必爲致疑之語矣。太史公承之。故云蓋衍易之八卦爲六十四卦。亦不敢質言。由孔志也。蓋自周興傳六七百年。不著何人之作。至孔子始定爲文王。其所以定之者。特以其文定之。故曰自中國言六藝者。折中於孔子也。是故其辭危。危者使平。易者使傾。此二語。皆謂修辭之善。憂

患之指而出之以和緩是危者使平中庸之語而出之以怪駭是易者使傾也退之云易奇而法得其深矣其道
甚大百物不廢懼以終始其要无咎此之謂易之道也易六十四卦一言以蔽之曰懼以終始此所以謂作易者有憂患也夫乾天下之至健也德行恆易
以知險夫坤天下之至順也德行恆簡以知阻易以知險簡以知阻承懼以終始爲文能說諸心能研諸侯之慮侯之二字衍文定天下之吉凶成
天下之亹亹者大衍篇疑出此文後故襲用此二語亹微也亹亹謂陰陽之微可成可敗也順時者成逆時者敗也是故變化云爲吉事有祥以下通論易道以結前文吉事有祥疑當作吉凶有祥
象事知器占事知來天地設位聖人成能人謀鬼謀百姓與
能八卦以象告爻彖以情言爻彖說者謂卦辭爻辭非也若言卦辭爻辭當先彖後爻不得倒言爻彖此仍主九六七八爲說以變與不變異其名也剛柔雜居而吉凶可見矣變動
以利言變而通之以盡利也吉凶以情遷是故愛惡相攻而吉凶生遠

近相取而悔吝生情僞相感而利害生凡易之情近而不相得則凶或害之悔且吝將叛者其辭慙中心疑者其辭枝吉人之辭寡躁人之辭多誣善之人其辭游失其守者其辭屈

六辭與易無關疑此爲後人附記易繫本文止於悔且吝句而義盡矣。○以上自乾坤其易之門邪至末爲第三章

文言

太史公以文言爲孔子作而歐陽公據篇首穆姜之言以爲非孔子且云左氏著書亦欲信今傳後若本孔子之言而以爲出於穆姜其誰信傳之立說可謂至辨後儒雖欲曲護文言而不能奪也至謂子曰爲講師之言則似未審凡易傳所引子曰固皆孔子也文言之辭兼釋孔子之彖其云六爻發揮旁通情也時乘六龍以御天也蓋云彖之所謂時乘六龍以御天者乃六爻發揮旁通之說也所謂雲行雨施者乃天下平之事也若以爲孔子作則此數言與彖復重爲贅詞矣坤道其順乎承天而時行亦釋彖乃順承天之義且不惟釋彖其于小象乾五之大人聚坤初之馴致其道皆疏通證明之是又在小象之後矣李心傳云繫辭文言皆後人取夫子之說而彙次之其說是也然則太史公所云孔子爲之說卦文言者乃謂繫辭文言中所引孔子諸說耳豈謂全篇皆孔子作哉

元者善之長也亨者嘉之會也此本推衍之詞非易文本義其云嘉之會者乃借亨爲宴亨之享也利者義之和也貞者事之幹也君子體仁足以長人嘉會足以合禮利物足以和義貞固足以幹事君子行此四德者故曰乾元亨利貞初九曰潛龍勿用何謂也子曰龍德而隱者也不易乎世易讀天下有道丘不與易之易不成乎名遯世无悶不見是而无悶樂則行之憂則違之確乎其不可拔潛龍也九二曰見龍在田利見大人何謂也子曰龍德而正中者也庸言之信庸行之謹閑邪存其誠善世而不伐古世大通用如世叔世心世室世子皆以世爲大此善世即善大也與德博對文德博而化易曰見龍在田利見大人君德也九三曰君子終日乾乾夕惕若厲无咎何謂也子曰君子進德修業忠信所以進德也修辭立其誠所以居業也

知至至之可與幾也幾者望也知至至之可行則行也知終終之可止則止也知終終之可與存義也是故居上位而不驕在下位而不憂故乾乾因其時而惕雖危无咎矣九四曰或躍在淵无咎何謂也子曰上下无常非爲邪也進退无恆非離羣也君子進德修業欲及時也故无咎九五曰飛龍在天利見大人何謂也子曰同聲相應同氣相求水流濕火就燥雲從龍風從虎聖人作而萬物覩本乎天者親上本乎地者親下則各從其類也此節所論均與小象大人聚之義相發上九曰亢龍有悔何謂也子曰貴而无位高而无民賢人在下位而无輔是以動而有悔也九家云乾爲君卦故六爻皆言君道五行志說此文云君有南面之尊而亡一人之助是也潛龍勿用下也見龍在田時舍也史記舍者舒氣也時舍猶時發也終日乾乾行事也或躍在淵自試

也飛龍在天上治也亢龍有悔窮之災也鄭本之作志乾元用九天下治也潛龍勿用陽氣潛藏見龍在田天下文明終日乾乾與時偕行或躍在淵乾道乃革飛龍在天乃位乎天德此言德不言位位叚爲涖廣雅涖盡也亢龍有悔與時偕極乾元用九乃見天則

乾元者始而亨者也而讀曰能謂乾元爲卦爻之始一爻上通六爻一卦旁通六十四卦皆自此乾元始故曰始能亨者也利貞者性情也性情謂乾之性情剛健不息之道宜貞定不變也乾始能以美利利天下不言所利大矣哉天道君道皆如是非止釋利字也大哉乾乎剛健中正純粹精也六爻發揮旁通情也張皐文讀通字絕句是也時乘六龍以御天也雲行雨施天下平也此乃釋彖之辭蓋云彖之所謂時乘六龍以御天者乃六爻發揮旁通之說也所謂雲行雨施者乃天下平之事也君子以成德爲行日可見之行也日當爲曰詞也潛之爲言也隱而未見行而未成是以

君子弗用也君子學以聚之問以辯之寬以居之仁以行之易曰見龍在田利見大人君德也九三重剛而不中（重剛重乾也）上不在天下不在田故乾乾因其時而惕雖危无咎矣九四重剛而不中上不在天下不在田中不在人故或之或之者疑之也故无咎夫大人者與天地合其德與日月合其明與四時合其序與鬼神合其吉凶先天而天弗違後天而奉天時天且弗違而況於人乎況於鬼神乎亢之爲言也知進而不知退知存而不知亡知得而不知喪其唯聖人乎知進退存亡而不失其正者其唯聖人乎坤至柔而動也剛至靜而德方後得主而有常含萬物而化光坤道其順乎承天而時行（此亦釋彖乃順承天之義）積善之家必有餘慶積不善之家必有餘殃

臣弑其君子弑其父非一朝一夕之故其所由來者漸矣史記引易曰臣弑君子弑父非一旦一夕之故也其漸久矣與今本小異當從之由辯之不早辯也易曰履霜堅冰至蓋言順也順釋小象之馴順即馴也繁露作遜義同直其正也方其義也深衣負繩抱方以直其政方其義也政正同字君子敬以直內義以方外敬義立而德不孤不孤無偏重也直方大不習无不利當依張潘本直方上補易曰二字則不疑其所行也陰雖有美含之以從王事弗敢成也地道也妻道也臣道也地道无成而代有終也天地變化草木蕃天地閉賢人隱易曰括囊无咎无譽蓋言謹也君子黃中通理理外之成文者也此謂中黃而其文徹於外也正位居體居讀為倨倨直也美在其中而暢於四支發於事業美之至也陰疑於陽必戰疑者鈞敵之意讀為凝者非是為其兼於陽也九家云陰陽合居故曰兼鄭本作兼云雜也今本誤為嫌又衍无字故稱龍

焉猶未離其類也故稱血焉夫玄黃者天地之雜也天玄而地黃經但言血而以天玄地黃釋之此經師穿鑿之說非經指矣

說卦歐陽公云說卦雜卦筮人之占書也

昔者聖人之作易也幽贊於神明而生蓍言聖人之德感通天地而天地為之生蓍其詞怪異故歐公決為非聖人之言參天兩地而倚數參兩者約言之合天地而與之并則為兩分天地而與之并則為參倚通作奇踦倚者不盡之數數立而不盡析之至於無窮故不曰立而曰倚觀變於陰陽而立卦發揮於剛柔而生爻和順於道德而理於義和順連文但取順義理亦順也窮理盡性以至於命昔者聖人之作易也將以順性命之理是以立天之道曰陰與陽立地之道曰柔與剛立人之道曰仁與義兼三才而兩之故易六畫而成卦分陰分陽迭用柔剛故易六位而成章天地定位山澤通氣雷風

相薄水火不相射八卦相錯此明重卦之意天地定位四句乃旁通之義皆兩卦相錯其義未盡故繼之以八卦相錯而後六十四卦乃成數往者順知來者逆是故易逆數也數往者順凡天下之數皆如此知來者逆乃是易道故云易逆數逆數謂畫卦自下而上所謂易氣從下生也雷以動之風以散之雨以潤之日以晅之艮以止之兌以說之乾以君之坤以藏之帝出乎震齊乎巽相見乎離致役乎坤役養也故下以致養釋之說言乎兌戰乎乾勞乎坎朱子讀勞去聲龔深父云戰而陰退陽生則各勞還矣成言乎艮萬物出乎震震東方也齊乎巽巽東南也齊也者言萬物之潔齊也離也者明也萬物皆相見南方之卦也聖人南面而聽天下嚮明而治蓋取諸此也坤也者地也萬物皆致養焉故曰致役乎坤兌正秋也萬物之所說也故曰說言乎兌戰乎乾乾西北之卦也言陰陽相薄也坎者水

也正北方之卦也勞卦也萬物之所歸也故曰勞乎坎艮東北之卦也萬物之所成終而所成始也故曰成言乎艮八卦方位之說始見于此朱子頗疑之謂離坎不應在南北兌又不屬金坤在西南不成西西北無地西方肅殺何云萬物所說管輅亦云輅不解古之聖人何以處乾位于西北坤位于西南天地之大何以安處二位與六卦同列今案此經方位不知何人所作其說既不可究詰其於易之繇辭眇不相涉此漢世淫巫瞽史之繆術耳至或託爲孔氏之遺文不亦妄乎神也者妙萬物而爲言者也妙王肅作眇妙卽眇也杳眇之義動萬物者莫疾乎雷撓萬物者莫疾乎風燥萬物者莫熯乎火說萬物者莫說乎澤潤萬物者莫潤乎水終萬物始萬物者莫盛乎艮故水火相逮雷風不相悖山澤通氣然後能變化既成萬物也乾健也坤順也震動也巽入也坎陷也離麗也艮止也兌說也乾爲馬坤爲牛震爲龍巽爲雞坎爲豕離爲雉艮爲狗兌

爲羊。（乾六爻并言龍，而說卦乃以龍屬震，若艮之爲狗，則經無其文，於何證之。後所稱爲某爲某，不見於經者尤多。夫傳以說經也，經所不言，而傳侈言之，則其意不爲經說也。此歐公所以謂筮八之占書也。）乾爲首，坤爲腹，震爲足，巽爲股，坎爲耳，離爲目，艮爲手，兌爲口。乾天也，故稱乎父。坤地也，故稱乎母。震一索而得男，（索數也。）故謂之長男。巽一索而得女，故謂之長女。坎再索而得男，故謂之中男。離再索而得女，故謂之中女。艮三索而得男，故謂之少男。兌三索而得女，故謂之少女。乾爲天，爲圜，爲君，爲父，爲玉，爲金，爲寒，爲冰，爲大赤，（大赤旗名，象大赤，取其色也。）爲良馬，爲老馬，爲瘠馬，爲駁馬，爲木果。坤爲地，爲母，爲布，（古者眾貨爲布，能隨百物貴賤賦之。）爲釜，爲吝嗇，爲均，（陶人制物之形謂之均。）爲子母牛，爲大輿，爲文，爲眾，爲柄，其於地也爲黑。震爲雷，爲龍，爲玄黃，爲尃，（作敷者，乃延叔堅一人之說，當依古作尃，音傳遽之傳取其速也。為大塗。塗者漸洳徑也。取剛下柔上之象。為長子。為決躁。決與趣同。趣疾也。為蒼筤竹。為萑葦。其於馬也。為善鳴。為馵足。為作足。馬行先作弄四足也。為的顙。其於稼也。為反生。反當依虞作阪。阪生者枲豆之屬。反阪之借字。其究為健。為蕃鮮。虞以健為乾。蕃鮮為巽。云震之變為乾為巽也。巽之為躁卦。變而成震也。易窮則變。云其究則以變言矣。巽為木。為風。為長女。為繩直。為工。工當依鄭作墨。為白。為長。為高。為進退。為不果。為臭。其於人也。為寡髮。寡本作宣。虞云。為白故宣髮。為廣顙。為多白眼。為近利市三倍。其究為躁卦。坎為水。為溝瀆。為隱伏。為矯輮。為弓輪。其於人也。為加憂。為心病。為耳痛。為血卦。為赤。其於馬也。為美脊。為亟心。為下首。為薄蹄。為曳。其於輿也。為多眚。為通。為月。為盜。以陰陷陽也。其於木也。為堅多心。離為火。為日。為電。為中女。為甲冑。為戈兵。其於人也。為大腹。為乾卦。鄭云乾當作幹。陽在外。能幹正也。若讀爲乾濕之乾。則不詞。爲鼈爲蟹爲蠃爲蚌爲龜其於木也爲科上槁艮爲山爲徑路爲小石爲門闕爲果蓏當依京作果墮。凡陽在上陰在下之卦皆有墮象。爲閽寺爲指當依鄭作小指。爲狗爲鼠爲黔喙之屬其於木也爲堅多節兌爲澤爲少女爲巫爲口舌爲毀折爲附決其於地也爲剛鹵爲妾爲羊。

雜卦目漢以來。皆以序卦先雜卦。此經師以意爲先後耳。今據太玄以玄衡玄錯列於玄攡玄瑩之前。孟堅亦以衡錯次首。而列之測攡瑩之上。是雜卦當在前。至序卦略如他書之後序。宜退在諸篇後也。又子雲云孔子錯其象而彖其辭。今所傳大小象。皆無所謂錯。子雲所謂錯其象者。或卽指謂雜卦與。韓注云。雜卦者雜揉象卦。錯綜其義。或以同相類。或以異相明也。

乾剛坤柔比樂師憂臨觀之義或與或求。以我臨物曰與。物來觀我曰求。屯見而不失其居蒙雜而著。屯蒙以陽言。見謂居五。不失其居謂初。雜謂二在眾陰中。著謂上也。

震起也。艮止也。損益盛衰之始也。損泰初益上，衰之始；益否上益初，盛之始。大畜時也。時讀儲偫之偫。无妄災也。漢人以无妄爲災卦。萃聚而升不來也。謙輕而豫怠也。謙本作嗛，嗛小，故云輕。噬嗑食也。賁无色也。兌見而巽伏也。隨无故也。故事也。蠱則飭也。剝爛也。復反也。晉晝也。明夷誅也。井通而困相遇也。井困以陽言，通者陽通，遇者剛遇柔而掩也。自乾坤至此三十卦，與上經之數相當，而雜下經十二卦於其中。咸至夬當下經三十四卦，而雜上經十二卦於其中。咸速也。咸者感忽之謂。恆久也。渙離也。節止也。解緩也。蹇難也。睽外也。家人內也。否泰反其類也。大壯則止。王引之云：壯者止也，故曰物不可以終壯，受之以晉也。遯則退也。大有眾也。同人親也。革去故也。鼎取新也。小過過也。中孚信也。豐多故也。朱子從古本无也字。親寡旅也。豐盛則故舊合，羈旅則親戚離。離上而坎下也。離五自遯初，故上；坎由觀上之二，故下。小畜寡也。不足以兼眾。履不處也。履卦陽爻皆以不處其位爲吉也需不進也訟不親也大過顛也漢人以大過爲死卦故云顛顛隕也遘遇也柔遇剛也漸女歸待男行也頤養正也既濟定也六爻得位定也歸妹女之終也女終于嫁未濟男之窮也三陽失位也夬決也剛決柔也君子道長小人道憂也憂當依鄭本作消是也

序卦韓注凡序卦所明非易之縕也蓋因卦之次託象以明義

有天地然後萬物生焉盈天地之間唯萬物故受之以屯屯者盈也屯者物之始生也物生必蒙故受之以蒙蒙者蒙也物之穉也物穉不可不養也故受之以需需者飲食之道也此卽需九五一爻明之下卽承飲食言之以需之與訟不相因也又案需有養訓故曰飲食之道飲食必有訟故受之以訟訟必有衆起故受之以師師者衆也衆必有所比故受之以比比者比也比必有所畜故受之以小畜物

畜然後有禮故受之以履（當依王氏略例補履者禮也一句）履而泰（鄭無而泰二字是）然後安故受之以泰泰者通也物不可以終通故受之以否物不可以終否故受之以同人與人同者物必歸焉故受之以大有有大者不可以盈故受之以謙有大而能謙必豫故受之以豫豫必有隨故受之以隨以喜隨人者必有事故受之以蠱蠱者事也有事而後可大故受之以臨臨者大也物大然後可觀故受之以觀可觀而後有所合故受之以噬嗑嗑者合也物不可以苟合而已故受之以賁賁者飾也致飾然後亨則盡矣（韓注極飾則實喪也亨嘉也亨則盡猶云美先喪也）故受之以剝剝者剝也物不可以終盡剝窮上反下故受之以復復則不妄矣（妄亦借作望言已復則无所希望也）故受之以无妄无妄然後可畜（无妄災也畜積

所以禦災無災則無所事畜矣故受之以大畜物畜然後可養故受之以頤頤者養也不養則不可動故受之以大過王肅云過莫大於不養物不可以終過故受之以坎坎者陷也陷必有所麗故受之以離離者麗也

有天地然後有萬物有萬物然後有男女有男女然後有夫婦有夫婦然後有父子有父子然後有君臣有君臣然後有上下有上下然後禮義有所錯夫婦之道不可以不久也故受之以恒恒者久也物不可以久居其所故受之以遯遯者退也物不可以終遯故受之以大壯物不可以終壯故受之以晉王引之云壯之訓爲止也晉者進也進必有所傷故受之以明夷夷者傷也傷於外者必反其家故受之以家人家道窮必乖故

受之以睽睽者乖也乖必有難故受之以蹇蹇者難也物不可以終難故受之以解解者緩也緩必有所失故受之以損損而不已必益故受之以益益而不已必決故受之以夬夬者決也決必有所遇故受之以遘遘者遇也物相遇而後聚故受之以萃萃者聚也聚而上者謂之升故受之以升升而不已必困故受之以困困乎上者必反下故受之以井井道不可不革（法久則敝生也韓注井久則濁穢宜革易）故受之以革革物者莫若鼎故受之以鼎鼎主器者莫若長子故受之以震震者動也物不可以終動止之故受之以艮艮者止也物不可以終止故受之以漸漸者進也進必有所歸故受之以歸妹得其所歸者必大故受之以豐豐者大也窮大者必失居故受之以旅旅

而无所容故受之以巽巽者入也入而後說之故受之以兌兌者說也說而後散之故受之以渙渙者離也物不可以終離故受之以節節而信之故受之以中孚有其信者必行之故受之以小過守其信者則失貞而不諒之道故曰小過有過物者必濟故受之以既濟物不可窮也故受之以未濟終焉變化相生未嘗有終此萬物所以日新而無窮而易卦所以卒于未濟也

周易大義卷二終

中華國學叢書
周易大義
1912

作　　者／吳汝綸 撰
　　　　　吳闓生 注
主　　編／劉郁君
美術編輯／本局編輯部

出 版 者／中華書局
發 行 人／張敏君
副總經理／陳又齊
行銷經理／王新君 林文鶯
地　　址／11494 台北市內湖區舊宗路二段181巷8號5樓
客服專線／02-8797-8396　　傳　　真／02-8797-8909
網　　址／www.chunghwabook.com.tw
匯款帳號／華南商業銀行　西湖分行
　　　　　179-10-002693-1　中華書局股份有限公司

法律顧問／安侯法律事務所
製版印刷／維中科技有限公司　海瑞印刷品有限公司
出版日期／2019年11月台四版
版本備註／據1987年12月台三版復刻重製
定　　價／NTD 300

國家圖書館出版品預行編目（CIP）資料

周易大義 / 吳汝綸撰 ; 吳闓生注. -- 台四版.
-- 臺北市 : 中華書局, 2019.11
面 ;　公分. -- (中華國學叢書)
ISBN 978-957-8595-86-6(平裝)

1.易經 2.研究考訂

121.17　　108015304

NO.J0002
ISBN 978-957-8595-86-6